UNIVERSITÉ DE LYON. — FACULTÉ DE DROIT

LE
DROIT D'INTERPELLATION

THÈSE POUR LE DOCTORAT

PAR

Antonin BEAU

PARIS

LIBRAIRIE NOUVELLE DE DROIT ET DE JURISPRUDENCE

ARTHUR ROUSSEAU, ÉDITEUR

14, RUE SOUFFLOT ET RUE TOULLIER, 13

1897

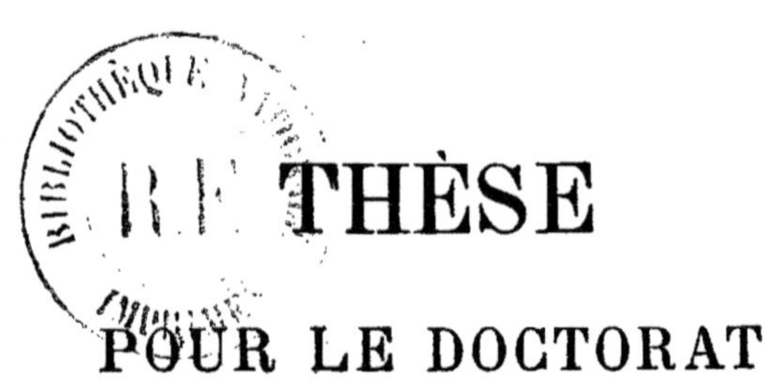

THÈSE

POUR LE DOCTORAT

LE
DROIT D'INTERPELLATION

THÈSE POUR LE DOCTORAT

L'ACTE PUBLIC SUR LES MATIÈRES CI-APRÈS

Sera soutenu le 22 décembre 1897

PAR

ANTONIN BEAU

Président : M. AUDIBERT, *professeur.*

Suffragants : { MM. CH. APPLETON, *professeur.*
LAMEIRE, *agrégé.*

PARIS

LIBRAIRIE NOUVELLE DE DROIT ET DE JURISPRUDENCE

ARTHUR ROUSSEAU, ÉDITEUR

14, RUE SOUFFLOT ET RUE TOULLIER, 13

1897

A MON PÈRE

A MA MÈRE

A TOUS CEUX QUI ME SONT CHERS

BIBLIOGRAPHIE

Archives parlementaires (1789-1860), parués seulement jusqu'à
l'année 1834 inclus.

Bagehot. — La Constitution anglaise, traduit par Gaulhiac, Paris
1869, chap. VII, p. 262-267.

Bard et Robiquet. — La Constitution française de 1875 étudiée
dans ses rapports avec les Constitutions étrangères, Paris, 1876,
p. 160 à 166.

Block (M.). — Dictionnaire de la politique, 2 vol., Paris, 1881,
2e vol., p. 110-111.

Cucheval-Clarigny. — Des institutions représentatives et des garanties de la liberté, Paris, 1874, p. 117-119.

— Histoire de la Constitution de 1852, Paris, 1869.

Arechaga (de). — El poder legislativo, 2 vol., Montevideo, 1890,
chap. VIII et X.

Franqueville (de). — Le Gouvernement et le Parlement britanniques, 3 vol., Paris, 1887, vol. III, p. 297-305.

Demombynes. — Les Constitutions européennes, 2 vol. Paris,
1883.

Dupriez (L.). — Les ministres dans les principaux pays d'Europe et
d'Amérique, 2 vol., Paris, 1892, *passim.*

Erskine-May (Th.). — A treatise on the law, privileges, procee-
dings and usage of Parliament, Londres, 1879, p. 319-321.

Esmein. — Eléments de droit constitutionnel, Paris, 1896, p. 777-
785.

Fuzier-Herman. — La séparation des pouvoirs, Paris, 1880,
p. 340-342.

Hélie. — Les Constitutions de la France, Paris, 1875, p. 227, 596 et
1293.

Hervieu. — Les ministres, leur rôle et leurs attributions dans les
divers Etats organisés, Paris, 1893, p. 511-530 et p. 532.

Journal officiel (1869-1897).

Moniteur universel (1789-1869).

Mancini-Galeotti. — Norme ed usi del Parlamento italiano, Rome,
1887 et supplém., 1890, p. 366-378 et 54-58.

Maurel-Dupeyré. — Des usages tenant lieu de règlement au Parlement anglais, Paris, 1870.

Poudra et Pierre. — Traité pratique de droit parlementaire, Paris, 1879-1880, n°s 1539 à 1564, p. 782-793, et supplément, p. 305-312.

Pierre (E.). — De la procédure parlementaire, Paris, 1887, § 11, p. 125-139.

— Traité de droit politique, électoral et parlementaire, Paris, 1893, livre V, chap. VI et VII, n°s 650 à 674, p. 687-709.

Palgrave (R.). — La Chambre des Communes (traduit par M. de Foville). Paris, 1878, p. 18-19.

Revue politique et parlementaire (paraît depuis juillet 1894). Divers articles.

Rossi. — Cours de droit constitutionnel, 4 vol. Paris, 1377, vol. 4, 87e leçon, p. 146-150.

Société de législation comparée (*Bulletin de la*), paraît depuis 1869.

Société de législation comparée (*Annuaire de législation étrangère*), depuis 1874.

Sumner-Maine. — Essais sur le Gouvernement populaire, Paris, 1887, p. 327-329.

St-Girons. — Manuel de droit constitutionnel, Paris, 1884.

— Essai sur la séparation des pouvoirs dans l'ordre politique, judiciaire et administratif, Paris, 1881.

LE DROIT D'INTERPELLATION

INTRODUCTION

Le régime représentatif est celui dans lequel les attributions essentielles de la souveraineté, qui appartient, en principe, à la nation, sont déléguées à des organes distincts, à plusieurs pouvoirs.

Il est possible de concevoir, et on rencontre, en fait, deux formes de gouvernement représentatif : la première, que l'on peut appeler gouvernement présidentiel, ou régime simplement représentatif ; la seconde, qui se nomme très justement gouvernement de cabinet, ou régime parlementaire.

Ces formes de gouvernement, en apparence identiques, ont entre elles des différences radicales.

Le régime parlementaire est mis en pratique en France et dans les monarchies constitutionnelles de l'Europe, à l'exception de l'empire d'Allemagne et de la plupart des États qui le composent ; le régime simplement représentatif est celui qui existe en Suisse et dans les Républiques américaines.

Le régime présidentiel repose sur la séparation presque complète des pouvoirs législatif et exécutif. Le président d'une République soumise à ce régime est investi du pouvoir exécutif ; et les ministres ne sont autre chose que ses conseillers, ne dépendant en aucune façon du pouvoir législatif. Les pouvoirs sont autonomes et indépendants, et, pour exercer convenablement leurs fonctions respectives, il n'est nullement nécessaire que chacun d'eux doive compter sur l'adhésion et sur la coopération constante de l'autre. Le pouvoir exécutif, n'ayant pas à sa charge la direction des travaux législatifs, n'a nul besoin de la majorité parlementaire pour remplir ses devoirs. Les Chambres fonctionnent, guidées par leur propre initiative, et, comme ce n'est pas le pouvoir exécutif qui leur donne l'impulsion, il n'est pas nécessaire qu'il soit exercé par des personnes dont les idées soient d'accord avec les leurs.

Pour empêcher que ces pouvoirs ne sortent de leur orbite, chacun d'eux a été investi de fonctions modératrices, par l'exercice desquelles ils se maintiennent réciproquement dans leurs attributions légitimes : le Président de la République jouit d'un droit de veto limité, afin de contrebalancer le pouvoir législatif ; les Chambres peuvent destituer le Président et mettre en accusation les ministres et les membres du pouvoir judiciaire, lorsqu'ils commettent des abus (1).

Mais, l'appréciation de cette forme de gouvernement

(1) De Arechaga, *El poder legislativo*.

et du principe de la séparation absolue des pouvoirs ne rentre pas dans le cadre que nous nous sommes tracé, le régime parlementaire seul pouvant servir de point de départ à l'étude du droit d'interpellation.

Le régime parlementaire repose également sur le principe de la séparation des pouvoirs législatif et exécutif. Seulement, ce principe ne doit pas s'entendre comme sous le régime présidentiel : il n'implique pas ici une séparation absolue ; c'est, au contraire, la collaboration et l'influence réciproque de deux pouvoirs distincts. Il y a, entre eux, une sorte de pénétration. Le pouvoir exécutif est aux mains d'un chef unique ; mais celui-ci n'exerce ses fonctions qu'avec l'assistance, et par l'intermédiaire d'agents qui le représentent devant les Assemblées législatives : les ministres.

Le droit de nommer et de révoquer librement les ministres est généralement reconnu au chef de l'État ; toutefois, celui-ci doit s'inspirer, dans l'exercice de ce droit, d'un certain nombre de règles, qui constituent les principes du régime parlementaire. Ces règles peuvent être ramenées à trois :

1° Le chef de l'État doit choisir ses agents dans le parti qui forme la majorité au Parlement ; c'est là le corollaire naturel de leur responsabilité devant les Chambres ; bien qu'il n'y ait à cet égard aucune disposition impérative, il les prend le plus souvent parmi les membres les plus influents de la majorité des Assemblées législatives.

2° Le ministère doit être homogène. C'est par le Cabinet tout entier que sont discutés et décidés les actes gouvernementaux ; il importe donc, avant tout, qu'il y ait unité de vues entre ceux qui le composent. Pour arriver à cette homogénéité, le chef de l'État charge un des leaders de la majorité, de choisir ses collaborateurs. C'est ce président du Conseil, véritable chef du pouvoir exécutif, qui doit imprimer à l'activité de tous les ministres une direction commune, et prendre la parole devant les Chambres au nom du Cabinet.

3° Les ministres sont responsables devant le pouvoir législatif. Leur responsabilité est triple : elle est politique, pénale ou civile. Responsabilité pénale et responsabilité civile se rencontrent aussi bien sous le régime présidentiel que sous le régime parlementaire. C'est sous ce dernier seulement qu'existe la responsabilité politique des ministres ; elle en constitue la base véritable.

Les membres du Cabinet répondent ainsi de tous les actes du chef de l'État (ceux-ci ne valent que contresignés par un ministre) et de tous les actes qu'ils ont eux-mêmes décidés et accomplis en leur qualité de ministres. — La responsabilité politique du Cabinet devant le Parlement est individuelle ou solidaire. Elle est individuelle, lorsqu'elle ne se réfère qu'à un acte déterminé ne relevant que d'un seul département ministériel. Elle est solidaire, lorsqu'elle pèse sur le Cabinet tout entier ; quand une décision très importante, le plus souvent relative à la politique générale, a été prise par le pouvoir exécutif, on présume, en effet, qu'elle est l'œuvre commune de tous les ministres, et il est logique que tous en répondent devant les représentants du pays. — Il est souvent difficile de savoir si un acte intéresse ou non la politique générale, et s'il est, par suite, de nature à influer sur le sort du Cabinet tout entier. La difficulté est tranchée habituellement par l'intervention du président du Conseil, qui pose la question de cabinet, c'est-à-dire adresse un appel à la confiance du Parlement.

La sanction de la responsabilité politique des ministres n'est autre que la perte de leurs portefeuilles. Devant un vote de censure, par lequel le Parlement manifeste qu'il n'est plus d'accord avec le Cabinet, celui-ci doit se retirer : le chef de l'État aura alors à en constituer un nouveau d'après les indications que lui fournit le vote de la majorité. Si le blâme n'atteint qu'un seul ministre, celui-ci est seul tenu de démissionner.

La responsabilité ministérielle a comme exacte contre-partie le contrôle du pouvoir législatif ; celui-ci s'exerce par trois moyens, qui ne sont, par suite, autre chose que les facteurs appelés à mettre en jeu cette responsabilité : les interpellations, les questions et les enquêtes parlementaires.

Les interpellations feront l'objet de notre étude, et, si nous y joignons les questions, c'est à raison de l'étroite connexité que présentent ces deux moyens de contrôle.

CHAPITRE PREMIER

LE DROIT D'INTERPELLATION ET LA CONSTITUTION DE 1875.
PRINCIPES GÉNÉRAUX.

I. — Définition du droit d'interpellation.

II. — Ses origines et sa nécessité.

III. — Les sources pour l'étude du droit d'interpellation en France.

IV. — Droits égaux des deux Chambres en cette matière.

V. — Objets des interpellations.

VI. — A qui appartient le droit d'interpellation.

VII. — A qui s'adressent les interpellations.

VIII. — Utilité du droit d'interpellation.

IX. — Ses inconvénients dans la pratique.

I. — Le droit d'interpellation peut être défini : Le droit qui appartient à la Chambre des députés et au Sénat, et en vertu duquel un ou plusieurs de leurs membres peuvent demander solennellement, en séance publique, au Cabinet représenté par le président du Conseil, ou à l'un quelconque des ministres, des explications relatives, soit à la politique générale, soit à tel ou tel acte de l'administration, dans le but essentiel d'amener les Assemblées à émettre un jugement sur les déclarations du Gouvernement.

II. — Nos lois constitutionnelles n'ont pas mentionné en termes exprès le droit d'interpellation ; mais il n'en existe pas moins dans toute sa plénitude : il complète le principe de la responsabilité ministérielle énoncé dans l'article 6 de la loi du 25 février 1875 (1), et il en facilite la sanction.

Son origine et son point de départ se trouvent, en réalité, dans l'article 8 de la loi c. du 24 février 1875, et dans l'article 3 de la loi c. du 25 février 1875, qui accordent aux membres des deux Chambres le droit d'initiative (2). Tout député ou sénateur a le droit de soumettre à l'Assemblée dont il fait partie, des propositions de lois, pour qu'elle en fasse l'objet de délibéra-

(1) Loi c. du 25 février 1875, art. 6, § 2 : « Les ministres sont solidairement responsables devant les Chambres de la politique générale du Gouvernement et individuellement de leurs actes personnels. »

(2) Telle était déjà l'opinion exprimée par M. Guizot à la séance de la Chambre des députés du 5 avril 1834 : « ... Il (le droit d'interpellation) s'est présenté comme une conséquence, comme un démembrement, si je puis ainsi parler, du droit d'initiative... » (*Archives parlementaires*, vol. 87, 2e série, p. 155-156.)

Dans le même sens : Bard et Robiquet : « Le droit d'initiative..... consiste encore à réclamer des éclaircissements sur la ligne de conduite que tient le gouvernement ou qu'il se propose de tenir, soit dans la discussion d'une mesure particulière, soit dans la direction de la politique générale. »(*La Constitution de 1875 étudiée dans ses rapports avec les Constitutions étrangères*, p. 160.)

Jules Simon (*Revue politique et parlementaire*, 1894, I, p. 16) : « Le droit d'interpellation est très voisin du droit d'initiative. C'est le même principe : la souveraineté parlementaire ; mais avec cette différence que le droit d'initiative s'exerce en matière législative, et l'interpellation en matière gouvernementale. L'une aboutit éventuellement à la confection d'une loi, l'autre à la censure et à la révocation de ceux qui sont chargés d'exécuter la loi. »

tions. Et l'exercice de cette prérogative suppose, chez l'auteur de la proposition déposée, des connaissances, non seulement juridiques, mais encore pratiques, qui sont indispensables à l'élaboration de bonnes dispositions législatives. Des Chambres en possession du droit d'initiative doivent donc, par cela même, être investies du droit de se procurer les moyens d'exercer cette initiative rationnellement et en connaissance de cause. De là naissent, pour les Assemblées, les droits d'enquête, de question et d'interpellation (1). Le pouvoir exécutif, dans l'accomplissement de ses devoirs d'administration et de gouvernement, qui le mettent en contact direct avec la société, recueille des renseignements abondants et précieux sur la situation générale du pays, sur les points où se rencontrent les intérêts collectifs, sur la manière d'appliquer les lois, sur les bons ou les mauvais effets qu'elles produisent ; par conséquent, les Chambres ont, dans le pouvoir exécutif, une source utile de renseignements nécessaires pour mener à bien les réformes dans la législation.

Sur un point spécial, cependant, le droit d'interpellation et le droit d'initiative se différencient très nettement : tandis que les propositions de lois sont nécessairement renvoyées à la commission d'initiative, et, en cas d'urgence, aux bureaux ou à une commission spéciale déjà nommée, la discussion d'une interpellation a

(1) Rossi, *Cours de droit constitutionnel*, t. IV, 87ᵉ leçon, p. 146 et s.

lieu sans examen préalable ; la facilité et la promptitude des débats l'exigent ; les circonstances pressantes qui inspirent à un membre du Parlement la mission impro-visée de servir d'organe à la préoccupation de tous, ne sauraient se plier à la lenteur des formes des proposi-tions de lois.

Enfin, indépendamment des arguments que l'on tire du principe de la responsabilité ministérielle et du droit d'initiative en faveur du droit d'interpellation, nous pouvons assigner à ce droit une dernière base : la nation doit être renseignée constamment sur ses pro-pres affaires ; ses mandataires, investis d'un pouvoir contrôleur, ne sauraient en user utilement sans de-mander aux ministres tous les éclaircissements dont ils peuvent avoir besoin. « La tribune agit alors comme un grand phare : elle projette au loin la lumière dans le pays » (1).

Le droit d'interpellation constitue le moyen de con-trôle parlementaire le plus énergique ; c'est devant le pouvoir législatif que la responsabilité des ministres est effective ; il est donc indispensable qu'il puisse les interpeller, afin d'examiner, quand il le juge convena-ble, si, dans l'accomplissement d'un acte déterminé, eux ou leurs subordonnés ont procédé conformément à la Constitution, ou si, au contraire, ils ont commis des abus.

(1) Dubs, *Le droit public de la Confédération suisse*, 1ʳᵉ partie, p. 97.

Il est évident que, sans les interpellations, les représentants du pays devraient, pour exercer leur contrôle,
choisir l'occasion que présenterait une pétition quelconque, ou un article de loi, et se livrer alors à des
interrogations, à des discours généralement tout à fait
étrangers à l'objet de la délibération.

III. — La réglementation du droit d'interpellation
rentre dans l'étude du droit parlementaire, qui n'est
autre chose que l'ensemble des dispositions relatives à
la formation et au fonctionnement des Assemblées
législatives. Quatre sources donnent naissance à cette
branche du droit public :

1) Les dispositions constitutionnelles :
2) Les lois ordinaires ;
3) Les règlements intérieurs des Chambres ;
4) Les précédents qui y sont établis.

1) Nous venons de voir que nos lois constitutionnelles
se bornent à poser le principe duquel nous faisons dé-
couler, par voie de conséquence, l'existence même du
droit d'interpellation ; il n'y est donc nullement question
de son mode d'exercice, non plus que de ses résultats.

2) La seconde source du droit parlementaire est cons-
tituée par les lois ordinaires, dites encore lois organi-
ques, et qui, à la différence des lois constitutionnelles,
peuvent être modifiées par la voie législative habituelle.
Telles sont, chez nous, les lois du 2 août 1875, du 9 décembre 1884, du 26 décembre 1887, du 10 avril 1889,

sur l'organisation du Sénat ; celles du 30 novembre 1875, du 5 avril 1884, article 14, du 13 février 1889, du 17 juillet 1889, relatives à l'organisation de la Chambre des députés, le décret organique du 2 février 1852 et le décret réglementaire du même jour sur l'élection des députés, la loi du 22 juillet 1879 relative au siège du pouvoir exécutif et des Chambres. Aucune de ces lois ne réglemente, chez nous, l'exercice du droit d'interpellation.

3) Les règlements des Chambres constituent une troisième source du droit parlementaire ; les Assemblées déterminent par là leur ordre intérieur, leurs modes de délibération et de vote, etc. Nous y trouvons, en France comme dans la plupart des pays étrangers, la réglementation des droits d'interpellation et de question ; leur procédure est déterminée par les articles 80-85 du règlement du Sénat du 10 juin 1876 et par le règlement du 16 juin 1876, articles 39-48 pour la Chambre des députés.

4) Mais, tout ne saurait être prévu par la voie réglementaire écrite. De là, la nécessité de recourir à la quatrième source qui contribue à la formation du droit parlementaire : les précédents. Ils jouent, chez les divers peuples à institutions représentatives, un rôle bien différent : alors qu'en Angleterre et aux États-Unis, ils constituent la source principale de cette branche du droit, en France et en quelques autres pays (Belgique, Italie), les précédents ne sont admis que comme le

complément des règlements écrits, et dans de très étroi-
tes limites. Lorsque, par suite du vague ou de la généralité des termes, il surgit des doutes sur le sens et
l'interprétation d'une disposition réglementaire, le président de la Chambre, ou la Chambre même, suivant
l'importance ou la gravité des cas, recourt à l'interprétation quant à son application ; et l'ensemble des interprétations constitue les précédents, qui ne sont autre
chose que la jurisprudence parlementaire (1).

Nous aurons donc, en ce qui concerne l'étude du droit
d'interpellation en France, les règlements du Sénat et
de la Chambre des députés comme point de départ ;
nous les compléterons et expliquerons en faisant appel

(1) Sur le rôle des précédents en France, voir E. Pierre, *De la
procédure parlementaire*, p. 30-38.

Il est souvent malaisé de déterminer si, en donnant une solution à
une difficulté soulevée au cours d'un débat, il a été dans les intentions
de la Chambre de créer un précédent, ou si elle entend limiter sa décision à ce débat. L'application elle-même des précédents soulève
fréquemment des contestations. Peut-être conviendrait-il, pour obvier
à ces inconvénients, d'adopter un système analogue à celui que nous
offrent les règlements des Chambres urugéennes. L'article 205 du règlement de la Chambre des représentants décide, en effet, que les
résolutions sur l'application du règlement qui sont prises accidentel-
lement dans la discussion d'un projet de loi quelconque ou au cours
des débats d'une session, ne seront considérées que comme de simples
précédents, sans force obligatoire pour la pratique ultérieure. Et l'article 206 ajoute : « Des décisions auxquelles se réfère l'article précédent il sera formé un registre qui sera remis à la commission de
législation, afin que, après les avoir examinées, elle propose à la
Chambre celles qui, dans sa pensée, doivent être incorporées au
règlement. » Les mêmes dispositions se retrouvent dans les articles 234 et 235 du règlement du Sénat De Arechaga, *op. cit.*, 2e vol.,
ch. VIII, 2e partie).

aux précédents : quelques-uns de ceux-ci remontent jusqu'à l'année 1830, qui a vu la première application vraiment logique du régime parlementaire en France.

IV. — Les questions et les interpellations sont des moyens de contrôle dont l'exercice appartient à la fois au Sénat et à la Chambre des députés. Il ne saurait y avoir de doute sur ce point. Même les auteurs qui n'admettent pas que le Sénat puisse, par ses votes, imposer la retraite d'un ministère (théorie que nous n'approuvons pas, pour notre part) lui reconnaissent le droit d'interpellation. Il n'y a, d'ailleurs, d'après eux, aucune incompatibilité entre ces deux solutions : tandis que la première établirait que le Sénat est sans action efficace sur la responsabilité des ministres, et peut uniquement consentir à la dissolution de la Chambre des députés demandée par le Président de la République, la seconde déterminerait seulement dans quelle mesure et par quels moyens le Sénat participe cependant au gouvernement parlementaire. A défaut de sanction politique directe et immédiate, le vote émis par le Sénat aurait une certaine influence morale, comme toutes les décisions d'une grande Assemblée, et la vérité finirait par triompher ainsi devant l'opinion publique (1).

Une telle restriction des droits du Sénat ne saurait être admise, en présence de nos textes constitutionnels, qui établissent également la responsabilité politique des

____

(1) Esmein, *Eléments de droit constitutionnel*, p. 777-778.

ministres devant l'une et l'autre Chambre, et les termes
du rapport de M. Laboulaye sur le projet qui est devenu
la loi du 16 juillet 1875 contribuent encore à lever les
doutes.

En vain se réclame-t-on des précédents (1), en vain
déclare-t-on qu'admettre la responsabilité politique des
ministres devant le Sénat, c'est accroître les chances
d'instabilité ministérielle, créer des causes de conflit
entre les organes du pouvoir législatif, et consacrer, en
quelque sorte, l'omnipotence de la Chambre haute, qui
pourrait, à la fois, renverser les ministères et dissoudre
la Chambre des députés. Ceux mêmes qui parlent ainsi
se contredisent en reconnaissant au Sénat le droit d'interpellation, qui n'a d'autre raison d'être que la responsabilité ministérielle dont il est la sanction. Rien, au
surplus, ne permet d'accorder à ce droit une portée ou
des résultats différents, suivant qu'il est exercé par telle
ou telle Assemblée. Un ordre du jour impliquant confiance dans le Gouvernement ou censure de ses actes
est le résultat commun, et on ne saurait, à défaut de
textes formels, attribuer à des votes identiques, des
effets gradués, en quelque sorte, suivant que c'est l'une
ou l'autre Chambre qui les émet.

V. — Ce point tranché, voyons quelles sont les matières qui peuvent faire l'objet d'une interpellation.

____

(1) Sénat, 11-15 février 1896 (*J. O.*, *Déb. parlem.*, p. 142) ; Sénat,
21 février 1896 (*J. O.*, *Déb. parlem.*, p. 145) ; Sénat, 3 avril 1896 (*J. O.*,
Déb. parlem., p. 377).

Les règlements ne limitent nullement les sujets qui peuvent donner lieu à une demande d'interpellation. Le contrôle des Chambres peut s'exercer aussi bien sur la politique intérieure ou extérieure que sur tel ou tel détail de l'administration, sur la conduite que le Gouvernement tient ou se propose de tenir dans la discussion d'une mesure particulière ou dans la direction de la politique générale. On ne doit déclarer irrecevables que les interpellations qui revêtent un caractère d'inconstitutionnalité. Comme en matière de propositions de lois, le Président de l'Assemblée, chargé d'assurer l'ordre et de faire respecter le règlement, peut refuser le dépôt des interpellations dont les termes seraient contraires à la Constitution.

Savoir si une interpellation est ou non d'accord avec les principes constitutionnels, est une question de fait à résoudre suivant les cas.

Parmi les principes fondamentaux auxquels les membres du Parlement ne sauraient constitutionnellement porter atteinte par les interpellations, il faut mentionner spécialement l'irresponsabilité politique du Président de la République, et la séparation des pouvoirs.

A côté de cela, il est certaines règles de principe parlementaire, règles de convenances que se sont imposées les deux Chambres, et qui, dans une moindre mesure, ne sauraient être éludées au moyen d'une interpellation.

L'article 6 de la loi constitutionnelle du 25 février

1875 proclame l'irresponsabilité politique du Président
de la République : il excepte seulement le cas de haute
trahison. La responsabilité politique du chef de l'État
ne saurait être, en effet, qu'illusoire ou dangereuse ; elle
favoriserait les tentatives de pouvoir personnel de sa
part, et le Parlement hésiterait toujours à la mettre en
jeu. Élu pour une période déterminée, par l'Assemblée
nationale, le Président de la République ne saurait être
tenu de se retirer devant un vote de défiance des Chambres. Il est au-dessus de tous les débats et de toutes les
discussions. La responsabilité ministérielle est le juste
complément de l'irresponsabilité présidentielle : elle
suffit pour réprimer les abus et empêcher les erreurs
politiques.

L'interpellation, qui en est la sanction, ne peut devenir un moyen détourné de contrevenir à ce principe.
Nous verrons d'ailleurs bientôt qu'une interpellation ne
saurait être adressée directement au Président de la République.

Le Président de l'Assemblée devrait refuser de donner lecture de l'interpellation qui découvrirait le chef de
l'État ; s'il le faisait néanmoins et que la Chambre admît
l'interpellation, le ministère aurait pour devoir de ne
pas répondre.

Il ne faut pas, d'ailleurs, s'arrêter aux formes extérieures et au libellé de la demande d'interpellation, mais
l'examiner au fond, quant à son but véritable. Le 8 avril
1889, M. Léon Renault, membre du Sénat, demanda à

interpeller le Gouvernement sur les motifs politiques qui avaient amené le Cabinet à faire signer par le Président de la République le décret convoquant le Sénat en haute Cour de justice. La gauche demanda la question préalable. M. Tirard, président du Conseil, refusa de répondre « n'ayant pas à faire connaître les motifs politiques qui avaient dicté la détermination du Gouvernement. » M. Le Royer, président, après avoir dénié au Sénat le droit d'opposer la question préalable à l'interpellation, accorda la parole à M. Léon Renault sur la fixation du jour de la discussion, et celui-ci expliqua avoir voulu s'adresser au Cabinet, et non porter atteinte au principe de l'irresponsabilité politique du Président de la République (1).

Le chef de l'État jouit, en principe, d'une liberté complète dans la nomination des ministres ; la logique du régime parlementaire lui fait seulement une obligation de les choisir selon les vues de la majorité. En ce qui concerne ce choix, il n'est nullement responsable devant le Parlement. A la séance du 25 novembre 1880, M. La Vieille interpellait sur la nomination du vice-amiral Cloué comme ministre de la marine et des colonies. Cette interpellation fut admise, car elle s'adressait, en réalité, au président du Conseil. M. Georges Périn en établit la véritable portée : « Le devoir du président du Conseil était de ne pas choisir comme col-

____

(1) Sénat, 8 avril 1889 (*J. O.*, *Déb. parlem.*, p. 432).

laborateur un homme dont la conduite passée appelait
forcément cette interpellation » et l'invita à s'expliquer
à la tribune. Jules Ferry, président du Conseil, recon-
nut que c'était bien lui-même qui était visé par l'interpellation : « L'interpellation, prise dans ces termes,
aboutit à mettre en jeu la responsabilité personnelle et
directe du président du Conseil » (1). C'est ce dernier,
en effet, qui avait présenté le nouveau ministre à l'a-
grément du Président de la République.

Le 29 janvier 1883, la Chambre des députés accepta
également une interpellation de MM. Janvier de la
Motte et Haentjens, portant sur le point de savoir
« quels sont les ministres qui ont donné leur démission
et si les successeurs de ces ministres sont nommés ».
Les auteurs mêmes de l'interpellation déclarèrent agir
uniquement en vertu de l'article 6 de la loi constitutionnelle du 25 février 1875, et ne pas vouloir mettre
en cause le chef de l'État (2).

Le principe de la séparation des pouvoirs est un des
traits caractéristiques de notre Constitution. On doit
l'entendre en ce sens que les pouvoirs législatif et exécutif sont indépendants dans leur existence, mais unis
dans une action commune pour la gestion des affaires
publiques : le chef de l'État participe à l'œuvre législative dans une certaine mesure, en même temps que le

(1) Chambre des députés, 25 novembre 1880 (*J. O.*, p. 11484).
(2) Chambre des députés, 29 janvier 1883 (*J. O., Déb. parlem.*,
p. 163-164).

pouvoir législatif est appelé à exercer un certain contrôle sur les actes de l'exécutif. Le Parlement ne saurait, par la voie des interpellations, porter atteinte à ce principe. Le gouvernement, en effet, n'appartient pas aux Chambres.

L'autorité judiciaire constitue l'une des branches du pouvoir exécutif ; son indépendance vis-à-vis du pouvoir législatif est une condition de son bon fonctionnement. Le principe de la séparation s'oppose à ce que le Parlement discute les jugements, soit pour les réformer, soit même pour les approuver. Mais, on ne saurait voir une violation du principe dans une interpellation adressée au ministre de la justice, et portant sur les conditions dans lesquelles se font les instructions judiciaires, ou sur les faits relatifs à leur conduite. La Chambre des députés a même admis des interpellations sur des incidents judiciaires, alors que les procès au cours desquels ils s'étaient produits n'avaient pas encore reçu de solution (Chambre des députés, 21 juillet 1890, 22 juin 1891).

A l'inverse, si un incident judiciaire a donné lieu à un recours en cassation, on ne peut admettre que les Assemblées puissent en faire l'objet d'une interpellation ; une grave atteinte serait ainsi portée à la séparation des pouvoirs. En effet, si la Chambre clôt l'interpellation par l'ordre du jour pur et simple, c'est-à-dire en décidant qu'il n'y a pas lieu de s'occuper davantage de l'affaire, elle s'est substituée ainsi à la Cour de cas-

sation ; si, au contraire, le débat se termine par un ordre
du jour motivé, de censure par exemple, elle risque d'é-
tablir une opposition très regrettable entre sa décision
et celle de la Cour suprême. M. Letellier disait, à la
séance de la Chambre des députés du 10 novembre
1887 : « A chacun des pouvoirs publics incombent des
devoirs ; mais nous n'avons pas à nous substituer au
pouvoir judiciaire qui a les siens. Le salut de l'État
repose sur cette séparation même des pouvoirs, et,
dans une Chambre française, il ne faut pas qu'il y ait
une atteinte portée à ces règles, qui sont une sauve-
garde sociale..... Je demande que nous ne commettions
pas un empiétement qui serait une faute, et dont les
conséquences pourraient être plus graves qu'on ne se
l'imagine, si l'on rencontrait, par exemple, de la part
du pouvoir judiciaire, une résistance qu'il croirait à son
tour de son devoir et de sa dignité d'opposer au Corps
législatif » (1).

Il a cependant été fait échec à ce principe dans les
séances des 23-30 juin 1892. M. Delahaye demanda à
interpeller le Gouvernement sur des incidents qui
s'étaient élevés entre la Cour d'assises et le jury de la
Seine. Le garde des sceaux déclara ne pouvoir accepter
immédiatement l'interpellation, désirant attendre que
la Cour de cassation, saisie du pourvoi, eût rendu son
arrêt. Et le président Floquet fit observer qu'il conve-

---

(1) Chambre des députés, 10 novembre 1887 (*J. O.*, *Déb. parlem.*,
p. 1997).

naît de laisser aux diverses juridictions le droit de se prononcer. L'interpellation fut néanmoins admise, renvoyée à huitaine et développée alors par son auteur (1). Mais il est certain que la Chambre n'a pas voulu créer par là un précédent (2).

En vertu du même principe de la séparation des pouvoirs, les actes qui sont du ressort de l'autorité administrative, autre branche du pouvoir exécutif, ne peuvent pas faire l'objet d'une interpellation. Les ministres devraient refuser de répondre lorsque les Chambres voudraient connaître ainsi d'actes rentrant dans le contentieux administratif, et qui seraient déjà soumis à la juridiction compétente (Sénat, 17 janvier 1887) (3).

Une règle d'origine parlementaire, et dont le but est de maintenir l'harmonie entre les deux Chambres et de sauvegarder leur dignité respective, est celle qui les fait s'abstenir de critiquer ou de louer, dans chacune d'elles, les discours tenus et les votes émis dans l'autre. Le Sénat a toutefois, dans la séance du 12 décembre 1892, discuté une interpellation sur les résolutions prises par le Gouvernement vis-à-vis d'une commission d'enquête qu'avait nommée la Chambre des députés ;

---

(1) Chambre des députés, 23 juin 1892 (*J. O.*, *Déb. parlem.*, p. 898).

(2) Le 6 mars 1893, M. Millevoye ayant déposé une interpellation « sur les suites judiciaires et parlementaires que comporte l'intervention dans l'affaire de Panama, de divers personnages politiques », la Chambre a décidé de fixer le jour de la discussion après que l'arrêt aurait été rendu par la Cour d'assises (Chambre des députés, *J. O.*, *Déb. parlem.*, p. 857-858).

(3) Sénat, 17 janvier 1887 (*J. O.*, *Déb. parlem.*, p. 11 et s.).

mais, il ne s'agissait nullement, en l'espèce, d'examiner
le mode d'investigation de la commission d'enquête, ni
ses pouvoirs et la procédure à suivre devant elle ; le
Sénat voulait seulement connaître les mesures dont la
responsabilité incombait au Gouvernement (1).

Ce sont les mêmes motifs qui ont amené les deux
organes du pouvoir législatif à adopter comme règle de
ne jamais mettre à l'ordre du jour et discuter dans une
Chambre une interpellation déposée dans l'autre, avant
qu'elle n'y ait reçu une solution définitive (2). Et il ne
serait pas non plus correct, à l'occasion d'une interpellation, de critiquer les actes de l'Assemblée nationale
réunie pour élire le Président de la République (Chambre des députés, 25 janvier 1895).

Il est de principe également, dans chacune de nos
Assemblées, de ne pas porter à la tribune les délibérations des commissions ; mais ce principe, que les convenances seules justifient, est à la merci de la volonté
du Parlement. C'est pourquoi, dans la séance du 20 novembre 1884, le président de la Chambre a dû accepter
le dépôt et donner lecture d'une interpellation « sur les

(1) Sénat, 12 décembre 1892 (*J. O.*, *Déb. parlem.*; p. 974-986).

(2) Nos Assemblées le décident en outre *a fortiori* des articles 125
au Sénat et 140 à la Chambre des députés, d'après lesquels une
Assemblée ne met pas à son ordre du jour les projets ou les propositions de lois ayant le même objet que ceux sur lesquels la délibération est déjà commencée dans l'autre (Pierre, *Traité de droit politique, électoral et parlementaire*, n° 679, p. 716).

déclarations faites par le Gouvernement à la commission du budget (1).

Enfin, à côté des questions d'administration et de politique intérieures, les affaires extérieures, qui sont souvent de nature à émouvoir fortement l'opinion publique, constituent un élément important pour l'exercice du contrôle parlementaire. Les Chambres peuvent réclamer du Gouvernement des éclaircissements sur la ligne de conduite qu'il entend adopter en présence de tel ou tel événement, ou dans le cours de négociations diplomatiques. D'après l'article 8 de la loi du 16 juillet 1875, le Président de la République négocie et ratifie tous les traités ; mais le plus grand nombre d'entre eux (traités de paix, de commerce, traités emportant modification de territoire, traités engageant les finances de l'État ou concernant l'état des Français à l'étranger) doivent être approuvés par les Chambres avant leur ratification. Les prérogatives du Gouvernement à l'égard de ces traités ne s'opposent nullement au dépôt d'une demande d'interpellation concernant des négociations encore pendantes (Chambre des députés, 16 janvier 1835).

VI.— Une question fort débattue est celle de savoir si le droit d'interpellation appartient à la Chambre tout entière, corps délibérant, ou s'il n'est pas un droit individuel que l'on doit reconnaître à chaque député. La

____

(1) Chambre des députés, 20 novembre 1884 (*J. O., Déb. parlem.*, p. 2385 et p. 2406-2408).

Chambre des députés de la Monarchie de Juillet y voyait un droit collectif. A la séance du 5 mars 1834, MM. Garnier-Pagès, Odilon Barrot et Mauguin soutinrent qu'il y avait là un droit inhérent à chaque membre de l'Assemblée. Le comte Jaubert, et M. Guizot, ministre de l'instruction publique, se prononcèrent, au contraire, en faveur du caractère collectif de ce droit (1).

L'intérêt de la question se présentait au point de vue de la recevabilité des demandes d'interpellation : accepter l'opinion de MM. Garnier-Pagès et Odilon Barrot, c'était refuser à la Chambre le droit de mettre obstacle aux interpellations ; avec M. Guizot, au contraire, elle pouvait repousser *de plano* toute interpellation qui venait troubler son ordre du jour.

A la Chambre des pairs, le comte de Tascher parlait également du droit d'interpellation comme d'un droit collectif : « Je ne parle point ici du droit d'un membre de la Chambre, mais de celui de la Chambre tout entière, car il est évident que, comme elle ne peut en introduire immédiatement l'exercice, il faut bien qu'elle le fasse médiatement par l'organe d'un de ses membres, dont elle partage l'impulsion en lui accordant la parole. Je ne saurais trop répéter que ce droit, collectif de sa nature, ne peut être exercé par un membre que de l'aveu de la Chambre » (2).

(1) Chambre des députés, 5 avril 1834 (*Archives parlementaires*, 2e série, vol. 87, p. 151-160).

(2) Chambre des pairs, 25 février 1831 (*Archives parlementaires*, 2e série, vol. 67, p. 224 et s.).

La jurisprudence des Assemblées de la Monarchie de Juillet n'a pas été admise depuis lors, et l'opinion commune aujourd'hui est que le droit d'interpellation est un droit individuel (1). M. Grévy, président de l'Assemblée nationale, disait, dans la séance du 27 mars 1872 : « Le droit d'interpellation appartient à chacun de vous. Vous n'en avez point de plus personnel, de plus précieux, de plus sacré » (2). On se base généralement sur ce que les demandes d'interpellation sont recevables indépendamment du nombre de signatures qui les accompagnent. Mais cet argument, qui ne se fonde que sur un détail du règlement, nous semble peu probant. On peut appuyer cette opinion avec plus de force sur ce que le droit d'interpellation constitue l'arme légale des minorités, qui leur sert à exprimer leurs vœux et leurs doléances, et à rendre publiques leurs protestations contre les actes du Gouvernement. Pourrait-on laisser ce droit à la merci de la majorité, et celle-ci n'abuserait-elle pas de sa force numérique pour étouffer toutes les revendications de ses adversaires ?

Nous aurons à tirer la conséquence de cette opinion à propos de la procédure des interpellations.

(1) Cependant M. Th. Ferneuil y voit « une prérogative collective de la Chambre, que la fantaisie personnelle d'un de ses membres ne devrait, par conséquent, jamais suffire à mettre en jeu » (*Revue politique et parlementaire*, I, 1894, p. 20).

Dans le même sens, M. Esmein (*Eléments de droit constitutionnel*, p. 781).

(2) Assemblée nationale, 27 mars 1872 (*J. O.*, p. 2191).

Le règlement confère même aux députés non admis le droit de prendre part aux délibérations et aux votes de l'Assemblée ; il leur interdit seulement de déposer des propositions de lois. En les autorisant à exercer leur mandat, on a voulu rappeler que la Chambre, par la vérification des pouvoirs, constate le droit des élus, mais ne le crée pas, les représentants tenant leur qualité de la souveraineté nationale. Il en résulte qu'une demande d'interpellation peut être déposée même par un représentant non encore validé (Chambre des députés, 15 octobre 1888).

VII. — Les interpellations doivent être adressées aux ministres, et ne peuvent l'être qu'à eux seuls. Il en résulte que, dans les pays où le droit d'interpellation existe, non seulement les ministres ont le droit d'entrée dans les Chambres, sans distinguer s'ils en sont ou non membres, mais encore celles-ci peuvent toujours requérir leur présence. Si les ministres étaient exclus du Parlement, on ferait du droit de contrôle un droit difficile à mettre en pratique. C'est là cependant une anomalie que nous retrouverons à différentes époques de notre histoire, et sous des régimes absolument dissemblables. « La présence des ministres dans le Parlement est non seulement utile, mais est encore regardée par la nation comme un de ses grands privilèges, comme un de ceux qui l'aident le plus à exercer sur tous les actes du pouvoir exécutif un contrôle salutaire » (1). Pas be-

____

(1) Mirabeau, séance de l'Assemblée Constituante du 6 novembre 1789 (*Archives parlementaires*, 1re série, vol. 9, p. 710).

soin d'une résolution pour inviter les ministres à venir s'expliquer devant le Parlement : à tout moment, on peut les interroger : plus de malentendus ni d'équivoques. Comment concevoir une Assemblée n'ayant aucunes communications faciles avec l'administration, au milieu du mouvement si précipité des choses et des événements ! (1).

Un usage s'est introduit depuis quelques années : lorsqu'une interpellation est de nature à nécessiter des explications techniques, le ministre se fait adjoindre par décret du Président de la République, et pour cette interpellation seulement, un commissaire du Gouvernement ; l'intervention de ce dernier dans la discussion n'a d'autre but que de mieux éclairer l'Assemblée, et la responsabilité du ministre ne s'en trouve nullement diminuée.

Les interpellations ne peuvent être adressées directement au Président de la République ; les ministres, qui sont, en réalité, les chefs des services publics rattachés à leurs départements respectifs, doivent personnellement en répondre devant les Chambres ; la Constitution de 1875 admet l'irresponsabilité politique du chef de l'État : il serait inconstitutionnel de le mettre en cause, soit en critiquant ses actes au moyen d'une interpellation adressée au Cabinet, soit en le visant directement dans une demande d'interpellation.

(1) Rossi, *Cours de droit constitutionnel*, 4e vol., p. 148.

À l'encontre de la pratique du Parlement anglais, les règlements de nos deux Chambres (1) interdisent les interpellations de collègue à collègue. Le but de cette disposition, qui remonte à l'article 79 du règlement de 1849, est d'empêcher les interpellations de dégénérer en débats personnels, qui ne seraient profitables ni au pays, ni à l'Assemblée elle-même.

Un cas particulier s'est présenté à la Chambre des députés, le 1ᵉʳ juillet 1879. Une interpellation fut adressée au ministre de l'Intérieur, à propos de la saisie d'un journal effectuée par la préfecture de police. M. Andrieux, préfet de police mis en cause, était en même temps député. Il demanda la parole, que le président Gambetta lui accorda. M. Cunéo d'Ornano invoqua la disposition du règlement qui vise les interpellations de collègue à collègue, pour faire retirer la parole au préfet de police, et termina en ces termes : « Je demande donc qu'à l'interpellation qui est adressée au Gouvernement, ce soit le Gouvernement qui réponde, et non pas un fonctionnaire irresponsable qui ne nous doit en aucune façon compte de ses actes. Le préfet de police ne dépend pas du Parlement, il dépend du ministre compétent, et de ce ministre seul. L'interpellation est adressée au ministre seul. »

Gambetta, président de la Chambre, revendiqua pour tout membre de l'Assemblée qui serait, en même temps,

(1) Règlement de la Chambre des députés, art. 39 ; Règlement du Sénat, art. 81.

investi de fonctions publiques, le droit de présenter des explications à ses collègues, afin de les mieux éclairer : « Je n'ai pas besoin de dire que cette intervention ne saurait jamais être exclusive de celle du Gouvernement, toujours responsable. Mais il est certain que le débat ne serait ni sincère, ni éclairé, ni complet, si, à raison d'une question quelconque, que ce fût une question de politique extérieure ou une question d'ordre judiciaire, un fonctionnaire faisant partie de l'une des deux Chambres était privé, par cela seul qu'il est membre du Parlement, de prendre la parole pour donner des explications sur un de ses actes » (1).

La pratique des Parlements étrangers est dans le même sens. Le Sénat lui-même a admis le gouverneur général de l'Algérie, qui était en même temps un de ses membres, à donner des explications à raison de faits relatifs à ses fonctions.

VIII. — Le droit d'interpellation, tel que nous venons d'en formuler les principes, offre des avantages de premier ordre. On n'en mesurerait pas exactement l'utilité à la simple lecture, ni des textes qui servent de base aux discussions, ni des réponses trop souvent évasives auxquelles elles aboutissent. Il constitue une des garanties les plus solides pour les libertés publiques d'abord, et pour la liberté individuelle de chaque citoyen ensuite. Ses effets s'exercent à tous les degrés de

(1) Chambre des députés, 1er juillet 1879 (*J.O.*, p. 5982-5983).

la hiérarchie gouvernementale ou administrative. Tout
fonctionnaire, tout agent d'une administration sait que
le moindre abus de pouvoir sera immédiatement signalé ; l'autorité judiciaire n'ignore pas que toute sentence illégale ou arbitraire sera dénoncée à la tribune.
Les ministres, enfin, sont certains que chacun de leurs
actes est soumis au contrôle incessant des Chambres
qui peuvent, chaque jour, leur en demander compte.
La presse, mieux informée encore que les représentants
du pays, saisit et signale constamment à leur attention
les faits et les actes que le Gouvernement pourrait être
tenté de dérober à leurs yeux. Rossi (1) a fait ressortir,
dans un langage précis, ce rôle, en quelque sorte pré-
ventif, du droit d'interpellation : « Il ne faut pas perdre
de vue, a-t-il dit, que l'action des Assemblées délibé-
rantes sur la marche des affaires publiques n'est pas
seulement l'action directe et immédiate qu'elles exercent en votant les lois et en faisant le budget : il y a
l'action indirecte, qui est bien autrement efficace. Que
de choses que le pouvoir ne fait pas et n'imagine même
pas, parce qu'il y a une discussion publique, parce qu'il
y a un droit d'interpellation ! Ainsi, il est vrai, en principe, que les Chambres n'administrent pas, mais elles
exercent un contrôle sur toutes les branches de l'administration ; on sait que le Parlement est là, et cette
action est bien autrement tutélaire pour la prospérité et

(1) Rossi, *op. cit.*, 4ᵉ vol., p. 149 et s.

la liberté du pays, que les quelques lois qu'on fait, et le
budget qu'on vote. »

Au point de vue du Gouvernement lui-même, ce droit
est d'une utilité incontestable : il sert à purifier et à dé-
charger, pour ainsi dire, l'atmosphère politique, à éli-
miner certains sujets de discussion (1). Le Cabinet
est souvent heureux de l'occasion qui s'offre à lui d'expliquer sa conduite et de manifester son opinion.

Enfin, et surtout, les interpellations constituent une
véritable soupape de sûreté, qui sert à rétablir entre
les pouvoirs l'harmonie et l'équilibre ; elles donnent
une solution immédiate aux conflits qui s'élèvent entre
eux. Dans le régime parlementaire, les ministres n'exercent pas seulement les fonctions exécutives, mais diri-
gent aussi la marche du Parlement dans ses travaux
politiques et législatifs, ce pourquoi ils sont virtuelle-
ment nommés ; ils ne peuvent donc demeurer en possession de leurs portefeuilles qu'à la condition d'avoir
l'adhésion complète du Parlement. Il est logique, dès
lors, que le Cabinet abandonne le pouvoir, quand il a
perdu la confiance de la majorité qui l'a nommé et qui
s'est soumise à sa direction. C'est par le moyen des interpellations que les Chambres usent de leur faculté de
maintenir ou de renverser les Cabinets ; on interpelle
pour décréter contre eux un vote de censure, ou pour
leur accorder un vote de confiance. Dans le premier

______

(1) R. Palgrave, *La Chambre des communes*, p. 18.

cas, le ministère tombe, puisque le vote de censure
aboutit à constater qu'il n'a plus l'appui de la majorité
parlementaire sans laquelle il ne peut continuer à remplir ses fonctions. Dans le second cas, son pouvoir se
consolide, parce que les Chambres, en lui donnant un
vote de confiance, approuvent sa conduite et lui mani-
festent publiquement leur adhésion. La vie politique, un
instant interrompue, reprend son cours régulier, soit
avec le même Cabinet, soit avec un Cabinet nouveau
assuré de l'appui du Parlement.

IX. — Mais, à côté de ces avantages, nous devons
signaler un certain nombre d'inconvénients, qui sont,
à vrai dire, la conséquence du régime parlementaire
mal appliqué. Aux yeux de la Chambre, son pouvoir de
contrôle se change en pouvoir de gouvernement (1);
elle tend de plus en plus à usurper la direction politique du pays. Les interpellations succèdent aux interpellations, encombrant l'ordre du jour et arrêtant le
cours des travaux législatifs. Les ministres harcelés ne
peuvent méditer les projets de lois à apporter aux
Chambres. « Comme on n'a pas toujours à sa disposition de grandes questions, on commence à s'occuper
des petites, en les assaisonnant d'une sauce piquante,
pour chercher à leur gagner l'attention. Les questions
générales sont négligées pour les questions de partis,

____

(1) E. Spuller, Quatorze mois de législature, dans la *Revue politique et parlementaire*, III, 1895, p. 3.

les intérêts réels pour les intérêts personnels (1). » De longues discussions inutiles, souvent même saugrenues, occupent les séances, jetant le discrédit sur le Parlement et sur le régime parlementaire, sans aboutir à un résultat pratique pour le pays. Les Cabinets sont renversés par surprise. Perte de temps et stérilité législative, tel est le résultat final. Nous aurons, au chapitre VII, à rechercher l'origine de ces divers inconvénients et à indiquer les remèdes qu'il y aurait lieu d'y apporter.

(1) Dubs, *Le droit public de la Confédération suisse*, 1ʳᵉ partie, p. 97.

CHAPITRE II

LA PROCÉDURE DE L'INTERPELLATION.

Nous avons constaté et justifié l'existence du droit d'interpellation ; il est logique d'étudier maintenant comment il est mis en mouvement, quelles sont les règles qui président à son exercice.

I. — En nous reportant à la définition que nous en avons donnée, nous voyons que trois facteurs contribuent à la formation du droit d'interpellation : le représentant, le ministre et le Parlement. Là ne s'arrête pas leur action : ils interviennent encore une fois l'interpellation mise en mouvement, car ils ont des droits à exercer dans les différentes phases qui se succèdent depuis la demande d'interpellation jusqu'à la solution que l'Assemblée donne au débat. Chacun d'eux a ici une sphère d'attributions qu'il importe de bien délimiter.

Les règlements de nos deux Chambres ont créé, pour l'exercice de ce droit, une série d'étapes, obéissant à la double préoccupation qui les a déjà guidés pour la procédure des projets et propositions de lois : en diminuer le nombre, et s'assurer de leur nécessité et de leur opportunité. Il importe, en effet, que le droit d'interpellation ne soit mis en mouvement que dans les circonstances véritablement urgentes, de façon à ne pas amener la perturbation que peut produire quelquefois dans une Assemblée, l'invasion soudaine d'une discussion imprévue.

Nous pouvons ramener ces étapes à trois, chacune d'elles comportant, à son tour, un certain nombre de formalités :

1) Dépôt de la demande d'interpellation entre les mains du président qui en donne lecture ;

2) Fixation du jour de l'interpellation ;

3) Discussion de l'interpellation.

L'action des trois facteurs mentionnés plus haut varie, ainsi que nous allons le voir avec plus de détails, selon qu'il s'agit de l'une ou de l'autre de ces phases ; tandis que chacun d'eux a son rôle propre dans la fixation du jour du débat et dans la discussion, la première phase implique seulement l'intervention du représentant : si l'on y voit le président de la Chambre, ce n'est que comme organe de transmission entre l'auteur de l'interpellation et ses deux co-facteurs.

II. — Nous avons laissé de côté, dans l'énumération qui précède, une phase préparatoire qui n'est prévue par aucune disposition réglementaire, mais qui s'impose par des motifs de loyauté et de courtoisie. Cette phase ne met en présence que le membre de l'Assemblée qui veut adresser une interpellation au Gouvernement et le ministre dont il réclame les explications. Il est du devoir du représentant de prévenir d'avance le ministre que tel jour il lui adressera une interpellation dont il lui fait connaître en même temps la teneur.

Il faut, en effet, que le ministre mis en cause puisse assister, ce jour, à la séance, et qu'il ait le temps de préparer sa réponse. C'est le seul moyen d'éviter des surprises, de présenter le combat à armes égales. Les discussions sont ainsi plus libres, plus franches, et ne prennent pas inutilement du temps. Enfin, le ministre, que d'autres travaux plus urgents retiennent peut-être, pourra faire au représentant des observations telles que celui-ci renoncera à interpeller, ou ajournera le dépôt de sa demande.

III[a]. — 1) Tout membre du Sénat ou de la Chambre des députés qui veut interpeller le ministère, doit faire connaître ses intentions à l'Assemblée dont il fait partie. Les règlements (Sénat, art. 81 ; Chambre des députés, art. 39) (1) exigent que la demande d'interpellation soit préalablement *remise par écrit* au président. Il y a là encore analogie avec la procédure qui régit les propositions de lois. L'inobservation de cette formalité s'opposerait à ce que le président puisse annoncer la demande à l'Assemblée. La gravité des conséquences des interpellations rend plus nécessaire en cette matière qu'en toute autre le respect des garanties dont ce droit a été entouré. Il importe, pour éviter toute équivoque sur la portée des explications demandées au Cabinet, que la Chambre connaisse autrement que par l'exposé plus ou moins véhément d'un orateur, vivement préoccupé d'une pensée ou d'un intérêt, la nature de cette pensée ou de cet intérêt, et il est donc nécessaire que ce soit par l'organe impassible de son président qu'elle soit prévenue de l'interpellation.

Sans doute, la pensée du représentant se traduira, à la suite du débat, par une résolution qu'il soumettra à la Chambre, par un ordre du jour ; mais, souvent, les termes mêmes de la demande d'interpellation permet-

(1) *Règlement du Sénat*, art. 81 : « Tout sénateur qui veut faire des interpellations, en remet la demande écrite au président. » *Règlement de la Chambre des députés*, art. 39, § 1 : « Tout député qui veut faire des interpellations, en remet la demande écrite au président. »

tent de préjuger la sanction que le député ou le sénateur veut apporter à la discussion : de là, la nécessité de préciser ces termes dès le début.

D'ailleurs, il eût été impossible d'abandonner à la mémoire du président le texte d'interpellations verbales : ç'aurait été l'exposer à communiquer à l'Assemblée des interpellations retirées, ou notablement modifiées dans leurs expressions. Les nécessités de la politique amènent souvent les représentants à substituer à la rédaction primitive une rédaction de portée bien différente ; ou bien, satisfaits d'explications que le ministre a données incidemment au cours d'un débat étranger à l'objet de l'interpellation, ils jugent toute demande d'explications inutile. Le président ne peut connaître les négociations qui ont eu lieu entre le Gouvernement et le représentant dans l'intervalle qui sépare la demande de sa communication à la Chambre. Toute difficulté est écartée en exigeant qu'on lui remette une pièce manuscrite : ou le député la retire et il n'y a pas lieu d'avertir l'Assemblée, ou il la laisse entre les mains du président, qui doit en donner lecture.

III[b]. — Les règlements n'exigent pas, à l'encontre de ce que pratiquent plusieurs Parlements étrangers, un nombre déterminé de signatures pour la recevabilité d'une demande d'interpellation. Une seule signature suffit. Cependant, lorsque les explications demandées au Cabinet portent sur des faits d'une importance exceptionnelle, elles sont généralement appuyées par un cer-

tain nombre de membres, ou même par un parti tout
entier ; on donne ainsi plus de force à l'interpellation,
et on manifeste, de la sorte, l'intérêt que le pays apporte
à la connaissance exacte de ces faits. Le premier signataire est considéré comme l'auteur de l'interpellation,
et c'est à lui que le président accordera tout d'abord la
parole, le jour de la discussion venu.

Les signatures qui appuient la demande d'interpellation permettent, non-seulement d'en apprécier la-gra-
vité, mais encore d'en préjuger l'issue. Une interpellation qu'approuvent les membres les plus influents de la
majorité ne peut guère aboutir que suivant leurs désirs,
et le ministère en triomphera difficilement. Si elle
émane, au contraire, des membres de l'opposition, ou
de quelques membres peu qualifiés de la majorité, un
vote de confiance en sera presque toujours le résultat.

III°. — Des restrictions ont été apportées par les règlements au contenu de la demande d'interpellation. Les
articles 39 du règlement de la Chambre des députés et
81 du règlement du Sénat, employant des termes identiques, portent : « Cette demande explique sommairement l'objet des interpellations ». On a craint qu'une
demande détaillée ne fût, en réalité, un ordre du jour
motivé. Or, les ordres du jour doivent être la conclusion
du débat sur l'interpellation ; en proposer un sous la
forme d'une demande d'interpellation, serait vouloir
préjuger la décision de l'Assemblée. De plus, par iden-
tité de motifs, si le texte, même sommaire, de la de-

mande d'interpellation remis au président énonce d'avance le jugement que son auteur veut porter sur les actes du Gouvernement, il n'est inscrit à l'ordre du jour que par analyse.

Les interpellations peuvent être déposées à n'importe quel moment de la séance. Elles peuvent même l'être pendant la séparation des Chambres ; le président les annonce dès le début de la session suivante (Chambre des députés, 18 mai 1897).

III^d. — Le président, dont les règlements ont fait ici, comme nous l'avons dit, un organe de transmission, donne lecture à l'Assemblée de la demande d'interpellation (Chambre des députés, art. 39 ; Sénat, art. 81). L'heure de cette lecture est à sa discrétion ; mais il est de son devoir de choisir le moment le plus opportun pour ne pas interrompre la discussion engagée. Les interpellations lui étant ordinairement remises au commencement ou vers la fin des séances, il lui est possible d'en donner lecture immédiate. S'il a reçu plusieurs demandes, il les lit dans l'ordre de leur dépôt.

Il peut arriver cependant, qu'une interpellation soit déposée sur le bureau pendant une délibération ; chargé de maintenir l'ordre et de faire respecter les décisions de la Chambre, le président attend alors généralement la fin de la séance pour en donner lecture : l'ordre du jour qui a été arrêté par l'Assemblée et qu'elle a commencé à entamer ne saurait être modifié sans une nouvelle décision de sa part. La volonté de la Chambre

d'interrompre une délibération commencée, pour entendre la lecture d'une interpellation déposée durant la
séance, se manifeste par des signes qui ne laissent aucun doute. Lorsque la salle des délibérations est déser-
tée peu à peu par les représentants, ou lorsqu'on n'y
perçoit plus que de bruyantes conversations, indices de
préoccupations politiques plus graves, le président demande à l'Assemblée si elle ne veut pas suspendre mo-
mentanément la discussion, pour recevoir communication de l'interpellation. Il attend, pour cela, que
l'orateur qui est à la tribune ait terminé ses développements ; il ne peut, en effet, l'interrompre, sauf pour un
rappel à la question ou pour des motifs graves. Le plus
souvent, l'orateur, en présence de l'inattention fla-
grante de la Chambre, demandera lui-même le renvoi
de la suite de la discussion à une autre séance (1).

Mais il est fort douteux de savoir si, comme l'admettent certains règlements étrangers, notamment celui
de la Chambre des députés italienne, le président aurait
le droit de renvoyer à la séance suivante la lecture de
l'interpellation.

Le moment venu de communiquer à la Chambre une
demande d'interpellation, la parole ne peut être accordée à personne par le président, avant que lui-même
ait donné lecture du texte qui lui a été remis. Il ne le
pourrait même qu'après avoir interrogé le Gouverne-

____

(1) E. Pierre, *De la procédure parlementaire*, § 11, p. 125-139.

ment sur la date qui lui convient pour le débat, conformément aux articles 40, § 1, à la Chambre des députés et 81 au Sénat.

C'est le texte lui-même qui doit être lu à l'Assemblée ; cependant les pouvoirs du président l'autorisent à passer sous silence les expressions injurieuses ou diffamatoires qu'il pourrait renfermer.

Et maintenant, une question qui se pose, est celle de savoir si la démission des ministres officiellement donnée au Président de la République n'empêche pas le dépôt d'une demande d'interpellation. Nous répondons par la négative, parce que le Gouvernement ne peut pas cesser d'exister.

IV. — 2) La seconde phase de la procédure d'interpellation, à laquelle nous arrivons, met en présence les trois facteurs :

a) Le ministre a le droit de prendre la parole sur la fixation du jour de la discussion.

b) L'auteur de l'interpellation peut indiquer, à son tour, la date qu'il préfère.

c) La Chambre, enfin, est appelée à statuer sur la date de la discussion.

IV^a. — La lecture de l'interpellation terminée, un membre du Gouvernement est entendu sur la fixation du jour où elle sera développée (art. 40, § 1, du règlement de la Chambre des députés ; art. 81 du règlement du Sénat) (1). Le texte des règlements est absolu sur ce

(1) *Règlement de la Chambre des députés*, art. 40 : « La Chambre,

point. En l'absence du ministre, et s'il n'a pas fait connaître son avis, la Chambre ne peut décider à elle seule du jour de la discussion ; la fixation est alors renvoyée à une séance ultérieure (Chambre des députés, 12 juin 1890).

L'absence du ministre peut être la conséquence de sa démission ou de celle du Cabinet tout entier ; devenue officielle, cette démission fait obstacle à la fixation du jour, celle-ci ne pouvant plus être contradictoire.

La réunion des deux conditions que nous avons indiquées : la présence du ministre, et la connaissance de son avis, est nécessaire, en principe, pour que la Chambre puisse passer à la fixation du jour. L'une seulement de ces conditions faisant défaut, rien ne s'opposerait à ce que la Chambre statue ; ainsi, la présence du ministre n'est pas absolument indispensable : le membre de l'Assemblée l'ayant averti préalablement que, à telle date, il lui demandera des explications sur tel fait déterminé, le ministre peut le prévenir qu'il accepte l'interpellation, et l'autoriser à annoncer, en son nom, le jour qu'il a choisi (Sénat, 18 octobre 1892 ; Chambre des députés, 11 février 1893). Ou bien encore, le ministre en avise d'avance le président de l'Assemblée par dépêche ou par lettre. Il n'est même pas rare qu'un

après avoir entendu un des membres du Gouvernement, fixe, sans débat sur le fond, le jour où l'interpellation sera faite. »

Règlement du Sénat, art. 81 : « Le Sénat, après avoir entendu un des membres du Gouvernement, fixe, par assis et levé, sans débat, le jour où les interpellations seront faites. »

membre du Cabinet auquel est adressée une interpellation, et que retiennent devant l'autre Chambre des engagements antérieurs ou des travaux urgents, averti de la demande qui a été déposée sur le bureau, prévienne par dépêche un de ses collègues ou le président du Conseil qu'il accepte l'interpellation pour telle date ; la même séance voit ainsi la demande d'interpellation et la fixation du jour.

Le ministre interpellé peut accepter la discussion immédiate ; mais il ne le fera guère, en fait, que s'il a entre les mains tous les documents nécessaires et se sent appuyé par une forte majorité. A défaut, il demandera l'ajournement des débats, afin d'étudier la question. Il a même le droit, en s'expliquant sur le jour, de déclarer qu'il ne répondra pas à l'interpellation (Sénat, 8 avril 1889 ; Chambre des députés, 19 janvier 1892) ; le droit de l'Assemblée de mettre celle-ci à son ordre du jour n'en reste pas moins complètement intact ; elle n'est nullement liée par les déclarations du Gouvernement.

IV[b]. — La jurisprudence des deux Chambres, suppléant au silence du règlement, est fixée en ce sens que l'auteur de l'interpellation a le droit de réclamer la parole pour indiquer une date différente de celle qui est proposée par le Gouvernement. L'interpellant et le ministre ne peuvent-ils s'entendre sur ce point, il y a lieu à un débat, mais limité à la question de date. Le représentant ne saurait appuyer l'adoption du jour qu'il indique, à l'aide d'arguments qui toucheraient au fond même de l'interpellation. Gambetta, président de la Chambre des députés, a établi, à la séance du 20 mars 1880, que la défense de débattre sur le fond formulée par le règlement de la Chambre n'interdit pas toute discussion sur le choix du jour, sur la date la plus convenable (1). Le président devrait rappeler à la question les membres qui contreviendraient à cette règle, et même leur retirer la parole, en cas de récidive. Dans les faits, il est presque impossible d'appliquer la lettre du règlement. Malgré les avertissements du président, le député ou sénateur, sous prétexte de faire ressortir la nécessité de son interpellation et l'urgence qu'il y aurait à la discuter, parvient très souvent à en exposer le but et les moyens. Le Cabinet lui-même encourage souvent la violation des dispositions réglementaires : pour obtenir un ajournement, il donne des explications détaillées, qui n'auraient dû régulièrement trouver leur place que dans la discussion de l'interpellation. On pourrait considérer qu'il y a là, en quelque sorte, une transformation de l'interpellation en question, mais par le Gouvernement seul et uniquement à son égard ; dès lors, on ne saurait dénier le droit de réponse au membre du Parlement. Il en résulte, d'ordinaire, que celui-ci renonce, après ce débat préjudiciel, à sa demande d'interpellation, déclarant que cette discussion

____

(1) Chambre des députés, 20 mars 1880 (*J. O.*, p. 3346).

sur la date lui a suffi pour exposer à la Chambre ce qu'il avait à lui dire. Aucune sanction, aucun vote ne s'ensuit : l'incident est considéré comme clos.

Le silence du règlement, dont nous venons de voir les dispositions impératives en ce qui concerne les membres du Gouvernement, nous permet de conclure sans hésitation, que la présence de l'auteur de l'interpellation n'est nullement requise pour que la Chambre puisse engager la discussion sur la date. Rien ne s'oppose à ce qu'une demande d'interpellation soit déposée sur le bureau au nom d'un membre absent ; le représentant qui agit ici comme un mandataire, aurait, par suite, le droit de prendre la parole lors du débat pour la fixation de la date.

IV^c. — Il incombe à la Chambre de statuer définitivement sur le jour à assigner au développement de l'interpellation. D'après l'article 81 du règlement du Sénat, sa décision doit être rendue *sans débats*. L'article 40 du règlement de la Chambre des députés, plus explicite, déclare qu'elle doit être rendue *sans débat sur le fond*. C'est la reproduction de l'article 34 du règlement du Corps législatif du 2 février 1870.

Il est facile de comprendre les motifs de cette restriction : on n'a pas voulu laisser entamer le développement de l'interpellation avant que la Chambre ait exprimé sa volonté à cet égard. Si l'on avait admis qu'une discussion pût s'engager sur la fixation du jour d'une interpellation, il eût été impossible que le fond même de la question ne fût pas abordé.

Comment ont lieu les votes sur cette question de jour?

Au Sénat, le vote a lieu par assis et levé (art. 81). Le règlement de la Chambre (art. 40) décide que le scrutin peut être demandé. Le Sénat s'est inspiré ici des règlements de 1849 (art. 80) et de 1870 (art. 34). Le projet de la commission de règlement du Corps législatif de 1870 ajoutait même, afin de prévenir toute équivoque, les mots « sans scrutin » ; seulement, ces mots furent supprimés comme inutiles dans la rédaction définitive. Le vote par assis et levé offre, en effet, l'avantage d'être le plus rapide, à condition de n'être pas douteux ; en recourant au scrutin sur des questions d'ordre du jour, on s'expose, indépendamment d'une perte de temps inévitable, à provoquer une crise politique, par suite d'un silence ou d'un malentendu.

L'Assemblée n'est nullement tenue de fixer jour pour le développement de l'interpellation, au moment même où le président en donne lecture ; elle peut renvoyer cette fixation à la séance suivante. On doit même lui reconnaître le droit d'en renvoyer la fixation à plusieurs jours (Assemblée nationale, 7 janvier 1873 ; 23 janvier 1873) ; ce droit lui appartient *a fortiori* de l'article 40, qui l'autorise à prononcer l'ajournement des interpellations (1). Le règlement du Corps législatif de 1870 déclarait déjà expressément que le Parlement pouvait

______

(1) Le 12 mars 1895, la Chambre a ajourné la fixation du jour d'une interpellation après la discussion du budget.

statuer « soit dans la séance, soit dans une séance ultérieure ». Il est possible, en effet, que des interpellations
viennent se jeter au milieu de délibérations qu'il est
urgent de terminer, ou que le Gouvernement ait besoin
d'un court délai pour présenter ses observations sur la
fixation du jour où la discussion devra avoir lieu.

Deux partis se présentent à l'Assemblée : elle peut
ordonner la discussion immédiate ou l'ajournement des
interpellations.

En ce qui concerne la discussion immédiate, une
règle de convenances exige qu'elle ne la décide qu'avec
le consentement du ministre en cause. Sans doute, elle
a le droit d'adopter une date autre que celle du Gouvernement, lorsque ce dernier demande un long ajournement ; mais il y aurait de sa part abus véritable, si elle
obligeait le ministre à discuter une interpellation imprévue, séance tenante, sans pièces ni dossiers. Le
Gouvernement pourrait alors refuser de répondre.

La discussion immédiate exige également, pour être
admissible, la présence de l'auteur de l'interpellation ;
sans cela, il n'y aurait plus le débat contradictoire
qu'implique nécessairement toute interpellation (Chambre des députés, 30 octobre 1884).

Quant au délai d'ajournement, il était impossible dé
laisser aux Chambres liberté absolue : on aurait fatale-
ment abouti à la confiscation, par la majorité, du droit
d'interpellation : « Dans la fixation du jour, la Chambre
ne doit et ne peut prendre en considération que l'ordre

de ses travaux et les nécessités de son ordre du jour, dont elle est toujours maîtresse. Si elle faisait de son droit un moyen détourné de confisquer, d'anéantir le droit d'interpellation, elle entreprendrait sur le droit (1) individuel de chaque représentant. »

Toutefois, la nécessité de mettre un frein à l'arbitraire du Parlement était moins pressante en ce qui concerne les interpellations sur la politique extérieure ; pour celles-ci, en effet, il est utile de laisser aux Chambres la faculté de les ajourner à une date indéterminée, surtout si elles sont de nature à compromettre nos relations d'amitié avec les puissances étrangères. Ces motifs autorisent les Assemblées à user de ce droit d'ajournement *sine die*, aussi bien au moment du dépôt de la demande d'interpellation qu'au jour fixé pour le débat (Chambre des députés, 11 février 1893).

Les interpellations sur la politique intérieure n'offrant pas les mêmes inconvénients, les articles du règlement de la Chambre des députés et du règlement du Sénat proclament qu'elles ne pourront être renvoyées à plus d'un mois. Ce délai, sans porter atteinte au droit des représentants, est suffisant pour empêcher que l'ordre du jour soit troublé par des interpellations intempestives.

Les règlements antérieurs laissaient au Parlement latitude entière pour la détermination du délai d'ajour-

(1) Paroles de M. Jules Grévy à la séance du Corps législatif du 6 avril 1870 (*Journal officiel de l'empire français*, p. 618).

nement ; aussi voyait-on alors des interpellations très légitimes renvoyées à trois mois, à six mois et même à un an. L'Assemblée nationale de 1871 admit cependant, sinon en droit, du moins en fait, la distinction consacrée aujourd'hui par les règlements, entre les interpellations qui se référaient à la politique intérieure et celles qui se référaient à la politique extérieure. A la séance du 27 mars 1872, M. Jules Grévy, président de l'Assemblée nationale, refusa de mettre aux voix la fixation à six mois d'une interpellation Naquet, déclarant que c'était « l'équivalent d'une confiscation du droit d'interpellation » (1).

Enfin, les dispositions réglementaires relatives au délai d'ajournement des interpellations sur la politique intérieure sont encore inspirées par une arrière-pensée de défiance à l'égard des ministres. On a craint que ceux-ci, par une savante stratégie, ne parviennent à éluder toutes les explications embarrassantes, en obtenant du Parlement un ajournement *sine die*.

L'ajournement prononcé par la Chambre dans les limites du mois doit donc être considéré comme parfaitement régulier. Si quelque membre réclamait une date plus éloignée, le président, chargé de faire observer le règlement, devrait refuser de la mettre aux voix. Ce serait, à l'inverse, aller à l'encontre des dispositions réglementaires, que renvoyer l'interpellation même à un mois sous une forme indéterminée. Tel serait le cas

(1) Assemblée nationale, 27 mars 1872 (*J. O.*, p. 2191).

où l'Assemblée adopterait comme date pour la discussion d'une interpellation sur la politique intérieure, le jour où une commission d'enquête déposera son rapport sur l'affaire qui motive la demande d'explications. Comment prévoir, en effet, la durée de l'enquête, et comment savoir si le rapport pourra être rédigé et déposé dans le délai d'un mois ?

Les mêmes motifs s'opposeraient à ce que le président mette aux voix l'ajournement d'une interpellation après la discussion d'un projet déterminé ; il ne le pourrait, du moins, qu'à la condition d'avertir la Chambre que l'ajournement ainsi prononcé aura de valeur seulement dans le délai d'un mois. Si une interpellation était déposée pendant les délibérations d'un projet de loi, la Chambre n'aurait pas le droit de la renvoyer après le vote de ce projet, à moins qu'il ne fût possible de déterminer la date exacte à laquelle celui-ci aura été adopté : il faudrait, naturellement, que cette date ne dépasse pas le délai réglementaire.

Mais, dans les limites du mois, le droit de la Chambre est absolu, et on ne saurait se plaindre d'une violation du règlement parce qu'une interpellation ajournée à quinzaine, par exemple, est appelée en discussion après ce délai de quinzaine, mais avant l'expiration du mois.

D'ailleurs, lorsqu'une interpellation relative à la politique intérieure a été renvoyée à un mois, il n'y aurait pas à se préoccuper de ce fait que le délai vient à échéance

au cours de vacances parlementaires (Chambre des députés, 13 avril 1892) (1). En pratique, on aboutit ainsi
à un ajournement supérieur à celui qu'autorisent les
prescriptions réglementaires. Mais, restreindre, en ce
cas, le droit des Chambres, serait leur enlever la libre détermination de leur ordre du jour : un seul député ou sénateur, en déposant, peu de temps avant la clôture d'une
session, une demande d'interpellation, pourrait les
contraindre à en ordonner la discussion immédiate ou
à brève échéance. De nombreuses interpellations viendraient, à la dernière heure, encombrer l'ordre du jour,
empêchant le vote définitif de lois urgentes et provo-
quant des débats irritants. Enfin, les termes eux-
mêmes des règlements accordent au Parlement le droit
de renvoyer certaines interpellations à un mois, sans
tenir compte du moment auquel cet ajournement est
prononcé.

Quand la Chambre use de son droit de repousser à un
mois une interpellation sur la politique intérieure, déposée la veille ou l'avant-veille de la clôture d'une session, ce n'est nullement un moyen pour elle d'en éluder définitivement la discussion. A l'ouverture de la
session suivante, le président, si les auteurs de l'interpellation l'exigent, rappelle que le délai réglementaire
est passé, et qu'il y a lieu de faire figurer la demande en
tête du plus prochain ordre du jour (Chambre des dé-

(1) Chambre des députés, 13 avril 1892 (*J. O.*, *Déb. parlem.*,
p. 574).

putés, 13 avril 1892). Dans la pratique, cependant, les représentants insistent rarement pour que leurs interpellations reprennent place à l'ordre jour: l'intérêt d'actualité qu'elles présentaient lors de leur dépôt, s'évanouit, en effet, généralement, avec la clôture de la session.

L'Assemblée ayant prononcé l'ajournement à un mois d'une interpellation, comment doit se compter le délai ?

La règle *dies a quo non computatur in termino* est habituellement appliquée en matière d'ordre du jour ; le jour de la fixation et celui du débat ne sont pas comptés dans le délai. Une interpellation qui, le 20 novembre, serait ajournée à un mois, ne doit pas, d'après ce principe, être inscrite à l'ordre du jour du 20 décembre, car il ne s'est écoulé entre ces deux dates que vingt-neuf jours francs et non pas trente. Seulement, c'est une règle qui n'a rien d'absolu ; il y est très fréquemment dérogé et l'interpellation ajournée reprend place à l'ordre du jour date pour date.

Il est d'usage, nous l'avons vu, de communiquer à l'avance aux membres du Gouvernement, l'interpellation qu'on se propose de leur adresser. Souvent, il intervient entre le ministre et le signataire de la demande, un accord quant au délai d'ajournement. Un tel accord laisse intact le droit de la Chambre : elle peut toujours, le moment venu de fixer la date de la discussion, ordonner le renvoi à un mois. Néanmoins, les convenances font un devoir aux Assemblées de tenir compte de cette entente, dans la mesure où elle est compatible avec leur ordre du jour.

Depuis longtemps déjà, dans le but de prévenir l'encombrement de l'ordre du jour, qui aurait pour conséquence de retarder notablement la discussion de la loi de finances, nos Chambres ont pris l'habitude d'ajourner nombre d'interpellations après le vote du budget (9 décembre 1873 ; Chambre des députés, 5 et 28 février 1895 ; 12 mars 1895). Ce procédé n'est cependant pas sans présenter des inconvénients : les interpellations ainsi renvoyées s'accumulent, et lorsque vient le moment de les discuter, elles interrompent gravement le cours des travaux législatifs. Parfois aussi, les Assemblées décident que la discussion d'une interpellation se confondra avec celle d'un budget déterminé ; elles évitent par là un double débat sur la même affaire, débat qui occasionnerait une perte de temps sans utilité pour le pays (Chambre des députés, 29 mars 1895).

Enfin, lorsqu'une loi offre un certain caractère d'urgence, il arrive fréquemment que le Gouvernement, d'accord avec l'auteur de l'interpellation, demande à l'Assemblée de renvoyer cette dernière après la discussion du projet de loi ; si l'Assemblée y consent, la durée que pourra avoir cette discussion, même supérieure à un mois, importe peu, le représentant ayant renoncé, par son entente avec le Gouvernement, à se prévaloir de l'article 40, établi uniquement dans son intérêt

(Chambre des députés, 24 juillet 1890 ; 4 avril 1892 ;
1er juillet 1895).

V. — 3) Nous avons reconnu aux Chambres un rôle
prépondérant dans la fixation du jour de l'interpellation ; il n'en est pas de même dans sa discussion : les
trois agents de l'interpellation y prennent part avec des
droits presque égaux.

L'analogie que nous avons signalée entre le droit d'interpellation et le droit d'initiative se retrouve ici. Les
formes suivies dans la discussion des interpellations
ne sont autres, en effet, à raison du défaut de prescriptions réglementaires, que celles qui régissent les délibérations des projets de loi.

L'auteur de l'interpellation la développe ; le ministre
répond. Il s'engage alors une sorte de discussion générale à laquelle peuvent prendre part tous les membres
de l'Assemblée ; tout député ou sénateur peut parler
pour ou contre le Gouvernement ; un membre de l'opposition intervient même quelquefois pour défendre le
Cabinet, s'il redoute, par exemple, dans les circonstances actuelles, d'être appelé à lui succéder. Une décision
de la Chambre clôt tous les débats ; les ordres du jour
sont examinés comme le seraient des amendements à
un projet de loi.

Toutefois, lorsque le signataire de la demande d'interpellation a terminé ses développements, le Gouvernement n'est pas forcé de donner les explications qu'on
réclame de lui : il est libre de répondre ou de ne pas

répondre. Obliger le Cabinet à toujours s'expliquer, serait une véritable atteinte au principe de la séparation des pouvoirs ; le droit de contrôle des Chambres tendrait à se transformer en pouvoir de gouvernement. Le ministre interpellé ne devra, d'ailleurs, refuser de répondre, que s'il a des motifs sérieux à faire valoir. Il peut, au jour du débat, ainsi que nous l'avons dit plus haut, invoquer le principe de la séparation des pouvoirs, l'irresponsabilité politique du chef de l'État, si la Chambre avait admis, malgré son caractère inconstitutionnel, une interpellation mettant en jeu ces principes ; et spécialement au point de vue des relations extérieures, se retrancher derrière la discrétion que ces relations exigent. On ne saurait admettre qu'un membre du Gouvernement cherche, par simple caprice, à se soustraire aux obligations qui lui sont imposées par le principe de la responsabilité ministérielle. La Chambre est seule juge des raisons qui motivent le refus de répondre.

A la séance du 31 juillet 1871, M. du Temple ayant adressé une interpellation touchant la politique intérieure à M. Thiers, chef du pouvoir exécutif, celui-ci refusa de répondre. M. Grévy fit alors ressortir en ces termes les droits du Gouvernement: « Vous avez entendu M. le chef du pouvoir exécutif vous déclarer qu'on ne pouvait pas maintenant accepter ces interpellations. Les droits des représentants, de l'Assemblée et du Gouvernement sont parfaitement déterminés. Chaque représentant a le droit de demander à faire des interpellations ; l'Assemblée, après avoir entendu un membre du Gouvernement, a le droit d'en fixer le jour, et quant au Gouvernement, il répond ou ne répond pas, selon qu'il croit devoir, dans sa conscience, le faire ou ne pas le faire » (1).

Prendre au pied de la lettre l'opinion exprimée par M. Grévy, serait se prononcer dans un sens trop restrictif des droits de la Chambre, au profit de ceux du Gouvernement, autoriser ce dernier à faire échec aux volontés des Assemblées et reconnaître que, le jour de l'interpellation venu, le ministre a le droit de réclamer, avant tout débat, la question préalable ; ce qui, nous le verrons bientôt, est tout à fait inadmissible.

Les ministres qui ne se sentent pas assurés d'une majorité suffisante parviendront, sans doute, à éloigner l'échéance fatale, en refusant de répondre, ou en se bornant à alléguer, d'une manière générale, l'intérêt du pays ; mais les Chambres ne s'accommoderaient nullement d'un tel procédé de gouvernement, moyen trop facile de fuir les responsabilités. Aussi est-il très rare aujourd'hui de voir les ministres refuser les explications qui leur sont réclamées.

La Chambre n'est, d'ailleurs, pas désarmée à l'égard du refus que peut lui opposer le Cabinet ; l'auteur de l'interpellation, ou un de ses collègues, a la ressource de déposer un projet de résolution blâmant le ministre.

____

(1) Assemblée nationale, 31 juillet 1871 (*J. O.*, p. 2363).

Ce projet est soumis au vote de l'Assemblée, qui émet, par ce moyen, son avis sur l'attitude du Gouvernement.

Si la démission du Cabinet est annoncée en séance publique au moment où le débat va s'ouvrir, le développement de l'interpellation n'a pas lieu (Ch. des dép., 30 mars 1885). Mais, que dire du cas où ce serait l'interpellateur qui, au jour fixé pour la discussion, se trouverait démissionnaire ? La situation présente alors la plus grande analogie avec celle que nous offre le retrait d'une interpellation ; un représentant quelconque pourra développer l'interpellation. C'est, en effet, un droit reconnu à chaque député ou sénateur, que celui de reprendre pour son propre compte une proposition à l'ordre du jour, qui est retirée par son auteur.

Tout membre a le droit, le jour de la discussion venu, de proposer à la Chambre d'en prononcer l'ajournement, sans distinguer si l'interpellation a trait à la politique intérieure ou à la politique extérieure ; un débat sur cet ajournement peut alors s'engager et tous les membres de l'Assemblée ont le droit d'y prendre part ; on ne saurait étendre à ce cas, à raison de leur caractère restrictif, les dispositions des règlements qui, dans la fixation du jour de l'interpellation, proscrivent tout débat sur le fond (Sénat, 8 avril 1889). Si une demande d'interpellation a été ajournée à un mois, et que son signataire, au moment de la développer, en sollicite la remise, la Chambre peut prononcer un nouveau renvoi à un mois : en n'usant pas de son droit quand il doit

l'exercer, l'auteur de l'interpellation en perd le béné-
fice (1).

L'interpellant n'est pas libre, au cours de la discussion, d'en étendre la portée, soit quant aux personnes
auxquelles elle s'adresse, soit quant aux matières qui
en font l'objet. Si la demande d'interpellation a été
adressée à un seul ministre, il ne dépend pas du représentant de mettre en cause, dans ses développements,
le Cabinet tout entier ou d'autres ministres, qui, n'ayant
pas prévu l'extension du débat, n'ont pu se préparer à
soutenir la lutte ; mais, leur consentement ferait tomber cette fin de non-recevoir. Pour le même motif, et
sous la même réserve, on ne saurait interpeller le ministre sur des faits étrangers à ceux qui ont été visés
dans la demande (Chambre des députés, 13 juin 1892).

L'auteur d'une interpellation renvoyée à un mois n'a
pas le droit de la développer au cours d'une autre interpellation dont la Chambre aurait prononcé la discussion
immédiate ; ce serait permettre à un seul représentant
de méconnaître la décision d'ajournement prise par
l'Assemblée.

Enfin aucune limitation n'a été apportée par les règlements des deux Chambres au développement des
interpellations. Ce développement a souvent occupé
plusieurs séances consécutives (11-20 mai 1868, interpellation Pouyer-Quertier sur les conséquences du régi-

____

(1) E. Pierre, *Traité de droit politique, électoral et parlementaire,*
p. 700.

me économique de la France ; — 26-28 janvier 1870 ; — 24-26 octobre 1895, etc.).

VI. — Une question spéciale se pose en ce qui touche les droits des Chambres : le droit d'interpellation est-il étranger, supérieur à toute juridiction du Parlement, ou est-il dominé par le droit de l'Assemblée d'admettre ou de ne pas admettre les interpellations ? En d'autres termes, celle-ci doit-elle être consultée, non seulement sur la fixation du jour, mais encore sur le point de savoir si l'interpellation sera autorisée.

La question s'est présentée pour la première fois sous la Monarchie de Juillet. A la fin de la séance du 4 mars 1834, M. Eusèbe Salverte demanda à adresser au ministère des interpellations sur les troubles qui avaient éclaté à Paris, les 21, 22 et 23 février précédents. Un débat s'éleva, à cette occasion, sur les conditions du droit d'interpellation. M. Guizot, alors ministre de l'instruction publique, soutint que les interpellations ne pouvaient avoir lieu sans l'autorisation préalable de la Chambre. Admettre le contraire eût été, selon lui, faire disparaître le droit de l'Assemblée devant celui d'un seul membre et détruire tout ordre dans les délibérations : « Tout député pourra, en effet, faire entendre ainsi à la Chambre, sans la consulter, telles choses qu'il lui conviendra, ouvrir telle discussion qu'il lui plaira. » Le comte Jaubert appuya l'opinion de M. Guizot : « Il ne peut appartenir à un membre de cette Chambre, quel qu'il soit, de fixer, en quelque sorte, l'ordre du jour de la Chambre ; c'est à la Chambre de le fixer par une délibération spéciale, toutes les fois qu'une réclamation s'élève à cet égard. » Cette opinion, vivement combattue par MM. Mauguin et Odilon Barrot, qui défendaient les droits de la minorité, fut consacrée par la Chambre, et deux questions lui furent posées : 1°) La Chambre permet-elle les interpellations ; 2° A quel jour entend-elle les fixer ? (1).

La Chambre des pairs avait déjà statué dans le même sens. Le 16 mars 1831, un de ses membres, le comte de Tascher, dans un rapport sur une proposition d'addition au règlement, disait : « Il fallait encore que la Chambre, instruite sommairement de l'objet de la communication, décidât, dans sa sagesse, si l'orateur devait être entendu ou non » (2).

Cette jurisprudence fut suivie jusqu'en 1848. Les règlements de 1849, de 1870 et de 1876 restèrent muets sur cette condition ; de 1867 à 1869, l'interpellation dut être soumise à un examen préalable des bureaux, qui pouvaient l'autoriser ou la repousser. Mais, de 1849 à 1851, et depuis 1869, le Parlement a toujours admis que l'autorisation préalable de la Chambre n'était nullement nécessaire pour adresser une interpellation au ministère.

(1) Chambre des députés, 4 mars 1834 (*Archives parlementaires*, 2ᵉ série, vol. 87, p. 129-132) et 5 mars 1834 (*Archives parlementaires*, 2ᵉ série, vol. 87, p. 151-160).

(2) Chambre des pairs, 16 mars 1831 (*Archives parlementaires*, 2ᵉ série, vol. 67, p. 631 et s.).

Nous pouvons invoquer, en faveur de cette dernière opinion, indépendamment du silence des règlements, qui sont limitatifs quant aux formes et à la procédure, et n'accordent à la Chambre que le droit de fixer un jour pour la discussion des interpellations, la solution par nous admise, au chapitre précédent, sur la question de la collectivité ou de l'individualité du droit d'interpellation. Exiger l'assentiment préalable de la Chambre pour accepter l'interpellation, serait soumettre au bon plaisir de la majorité ce droit essentiellement personnel à chaque député ; ce serait, en fait, aboutir à sa suppression, à sa confiscation. Si le droit d'interpellation est indépendant du caprice de la Chambre et du Gouvernement, il ne peut être supprimé ni directement, ni par voie détournée (1). Le seul droit qui appartienne aux Assemblées est donc celui de fixer, dans les limites réglementaires, le jour de la discussion.

VII. — Les arguments que nous venons d'invoquer contre la nécessité d'une autorisation des interpellations par la Chambre, nous permettent de résoudre une autre question encore très controversée. Peut-on opposer la question préalable à une demande d'interpellation ?

Nombreux sont les auteurs qui l'admettent, en se fondant sur la généralité des termes de l'article 90 du règlement de la Chambre des députés, et 43 du règlement du Sénat, qui déclarent que la question préalable

____

(1) M. Grévy : séance du 6 avril 1870 (*J. O.*, p. 618).

peut toujours être proposée. On trouve dans un rapport de M. Dulau sur un projet de résolution Flandin (16 juin 1894), ces mots : « L'article 90 du règlement permet d'appliquer en toute matière la question préalable ; rarement l'Assemblée en fait usage, en ce qui concerne les interpellations, préférant manifester son sentiment par une mesure plus parlementaire : la remise au mois prévue par l'article 40 du règlement....... » (1). Même, la Chambre des députés a prononcé la question préalable sur une interpellation, à la séance du 19 janvier 1892, après son dépôt et avant toute fixation de jour.

Nous croyons cependant que cette solution, exacte sous la Monarchie de 1830, ne saurait être approuvée aujourd'hui, dès lors que le Parlement n'est plus appelé à autoriser les interpellations. La question préalable est la déclaration qu'il n'y a pas à délibérer ; elle équivaudrait, dans ses effets, à un rejet de la demande d'interpellation, droit que nous contestons aux Chambres. De plus, nous avons vu que l'ajournement des interpellations sur la politique intérieure a été limité à un mois, pour consacrer le droit du député de connaître, au moment opportun, la pensée du Gouvernement ; *a fortiori*, ne saurait-il être fait échec à ce droit par la demande de la question préalable au moment du dépôt de l'interpellation. Enfin, nous pouvons nous prévaloir du silence des articles du règlement relatifs aux inter-

(1) Rapport de M. Dulau sur le projet de résolution Flandin, le 16 juin 1894 (*J. O., Documents parlementaires*, n° 718, p. 949).

pellations, et invoquer à l'appui plusieurs opinions autorisées : à la séance du 20 janvier 1874, M. Schœlcher a exprimé ainsi cette idée : « La question préalable est la confiscation du droit d'interpellation » (1) et M. Le Royer, président du Sénat, a déclaré, à la séance du 8 avril 1889, que « la question préalable ne peut s'appliquer qu'à une proposition » (2).

Une seule exception doit être apportée à notre solution ; elle est justifiée par les principes constitutionnels et par un précédent. D'après l'article 6 § 2 de la loi constitutionnelle du 16 juillet 1875 : « Les ministres ont leur entrée dans les Chambres, et peuvent être entendus quand ils le demandent. » Si, au jour fixé pour le développement d'une interpellation, le ministre demande la parole avant l'auteur de l'interpellation, elle ne saurait lui être refusée ; et, si ses explications persuadent alors l'Assemblée qu'il y aurait inconvénient à continuer le débat, elle peut prononcer la question préalable. La séance du 20 janvier 1874 nous en offre

(1) Assemblée nationale, 20 janvier 1874 (*J. O.*, p. 605-606).

(2) A la séance de la Chambre des députés du 19 janvier 1892, M. Laur, rappelant des paroles précédemment prononcées par le président même de l'Assemblée, a exposé en termes précis les raisons qui militent à l'encontre de l'admission, en cette matière, de la question préalable (*J. O.*, *Déb. parlem.*, p. 41).

Enfin, le rapport sur le projet de résolution Flandin, cité plus haut, déclare lui-même que, en repoussant une proposition tendant à limiter le renvoi des interpellations au jeudi qui suivrait leur dépôt, et dont le résultat serait parfois de forcer l'Assemblée à voter la question préalable, « la commission a certainement sauvegardé les intérêts des minorités ».

un exemple. Une interpellation de M. du Temple sur l'envoi d'un nouveau ministre plénipotentiaire auprès du roi Victor-Emmanuel étant venue en discussion, avant que l'interpellateur eût pris la parole, le duc Decazes, ministre des affaires étrangères, donna toutes les explications utiles. M. du Temple fut seulement autorisé à répondre brièvement aux observations du ministre ; après quoi l'Assemblée prononça la question préalable, afin de ne pas être exposée, par de plus longs débats, à troubler nos bons rapports avec l'Italie.

En dehors de ce cas, un ministre ne pourrait demander à la Chambre, avant toute discussion, de repousser l'interpellation par la question préalable. Son seul droit est de réclamer l'ajournement de la discussion, conformément au règlement, ou de refuser de répondre, s'il a pour cela des motifs sérieux.

Terminons maintenant par quelques mots sur la jonction et le retrait des interpellations.

VIII. — Deux ou plusieurs demandes d'interpellation sont parfois déposées sur le même sujet. La Chambre peut en prononcer la jonction, afin de simplifier les débats. Les auteurs des interpellations interviennent en même temps dans la discussion, et le ministre n'a qu'une seule réponse à faire. Néanmoins, les Assemblées jouissent, à cet égard, d'un grand pouvoir d'appréciation ; rien ne les empêche de s'opposer à la jonction réclamée par l'auteur d'une des interpellations, si elles estiment qu'il n'y a pas connexité entre les demandes. L'opposition même d'un interpellateur ne saurait faire obstacle à leur droit de prononcer cette jonction, lorsque les sujets sont semblables, mais non identiques (Chambre des députés, 6 mars 1890 ; 21 novembre 1892 ; 31 mai 1892).

Cependant, lorsque des interpellations ont été jointes, elles ne se confondent pas ; elles restent distinctes. Celle qui a été déposée la première a la priorité et la parole est accordée d'abord à son auteur (Chambre des députés, 21 novembre 1892).

La Chambre peut également ordonner la jonction d'une interpellation à la discussion d'un projet de loi ; mais, afin de sauvegarder la liberté du vote des ordres du jour, l'interpellation est généralement reportée à la suite du projet, surtout lorsque ce dernier est de nature à être adopté par la Chambre à une grande majorité.

Toutefois, le représentant qui déposerait une demande d'interpellation au cours des délibérations d'un projet de loi, dans le but d'obtenir leur jonction, ne saurait être approuvé. Ce serait, en effet, demander à la Chambre de faire deux choses à la fois ; de plus, si l'interpellation était jointe au projet de loi, son développement devant avoir lieu après la clôture de la discussion générale, elle aurait pour conséquence d'interrompre la délibération et d'empêcher le passage au vote des articles. Le président, qui a reçu une demande d'interpellation dans ces conditions, ne peut, il est vrai, se refuser à en donner lecture, mais il préviendra la Chambre que l'interpellation est renvoyée après le projet (Chambre des députés, 18 novembre 1892).

IX. — L'auteur d'une interpellation peut en effectuer le retrait (art. 85 du règlement du Sénat; art. 46 du règlement de la Chambre des députés) (1). Il le fait, d'ordinaire, tantôt lorsqu'il constate lui-même l'inopportunité de la demande, tantôt lorsque la Chambre, ou refuse d'adopter pour son développement le jour qu'il demande, ou veut l'ajourner à un mois (31 mai 1892). Le dépôt d'une demande d'interpellation a lieu parfois dans le seul but d'amener le Gouvernement à déclarer qu'il remédiera à la situation visée par l'interpellation; son auteur la retire alors immédiatement après le dépôt (Chambre des députés, 19 mars 1892). Enfin, le retrait peut être opéré au moment même où la Chambre va procéder au vote sur l'interpellation.

Le retrait des interpellations n'était pas mentionné dans le règlement de 1849, mais il était autorisé par une jurisprudence constante, et les règlements de 1870 (art. 40) et de 1876 l'ont expressément consacré.

Le fait qu'une interpellation est retirée par son auteur ne porte aucune atteinte au droit des ministres d'être entendus quand ils le demandent. Le Gouverne-

---

(1) *Sénat*, art. 85 : « Les demandes d'interpellation retirées par ceux qui les ont faites, peuvent être reprises par un autre membre. »

Chambre des députés, art. 46 : « Les demandes d'interpellation, retirées par ceux qui les ont faites, peuvent être reprises par d'autres députés. »

ment reste donc maître de donner des explications sur l'interpellation, même après son retrait.

En cas de retrait d'une interpellation, un membre quelconque peut la reprendre pour son propre compte et la développer en son nom. Il est assez fréquent de voir une interpellation retirée par son auteur, quand il prévoit que, contrairement à son désir, un ordre du jour de confiance en sera le résultat, reprise par un membre de la majorité ministérielle, précisément dans le but de faire voter cet ordre du jour.

L'interpellation, une fois déposée, devient, en effet, pour ainsi dire impersonnelle, puisqu'elle doit donner lieu à un débat général auquel tout membre peut prendre part : elle est tombée dans le domaine de la Chambre, et la volonté d'un seul représentant est impuissante à l'en faire sortir. De là, les dispositions des articles 85 du règlement du Sénat, et 46 du règlement de la Chambre des députés : « Les demandes d'interpellation retirées par ceux qui les ont faites, peuvent être reprises par d'autres députés. »

CHAPITRE III

LES RÉSULTATS DE L'INTERPELLATION.

I. — Il serait véritablement étrange que l'on pût occuper longtemps la Chambre d'une discussion, sans
qu'elle aboutisse à une décision formelle ; il faut que
l'Assemblée manifeste son opinion et ses vœux d'une
manière positive, qu'elle apporte une sanction au débat
qui s'est déroulé devant elle (1).

(1) M. de Broglie (*Vues sur le gouvernement de la France*, ch. VIII,
p. 305) exprime cette idée en ces termes : «... Toute interpellation
doit aboutir à quelque proposition en forme, qui tombe sous la com-
pétence de la Chambre et puisse être mise aux voix. »

Autrement, on pourrait concevoir des doutes sur l'utilité de ces conversations politiques, dont la solennité ne serait qu'un leurre, et qui, après plusieurs jours parfois passés à entendre des discours, ne conduiraient à aucune résolution. Le ministre ayant répondu à l'interpellation, il ne peut plus s'ouvrir de discussion vague ; l'auteur de l'interpellation ou tout autre membre de l'Assemblée se trouve en demeure de manifester son avis sur les explications qui viennent de lui être données, au moyen d'une proposition ferme, sur laquelle la Chambre est appelée à délibérer. Cette proposition peut être une de ces choses : un ordre du jour, une enquête, une communication de pièces.

Dans le cas où nul ne soumet au vote de l'Assemblée une de ces propositions, la discussion ne saurait se prolonger, et le président prononce la clôture du débat. Dans le cas où, au contraire, une proposition est faite, la discussion s'engage sur cette proposition, qui est traitée à fond, et une résolution de la Chambre en est le résultat. Elle adopte ou elle rejette ; et son opinion se manifeste par là d'une manière incontestable (1).

Des solutions données à l'interpellation, la plus fréquente est, sans contredit, l'ordre du jour ; l'enquête et la communication de pièces sont rarement demandées ; aussi ne sera-t-il question dans notre étude que de la première solution : l'ordre du jour.

(1) V. séance de la Chambre des pairs du 16 mars 1831 (*Archives parlementaires*, 2ᵉ série, vol. 67, p. 225 et s.).

II. — Un ordre du jour est une proposition par laquelle un ou plusieurs membres du Parlement expriment leur opinion sur les actes du Gouvernement, et qu'ils soumettent au vote de l'Assemblée dont ils font partie. Cette proposition se résume en une approbation ou un blâme.

Le droit de présenter un ordre du jour n'est pas réservé au seul interpellateur. Chacun des membres de l'Assemblée peut manifester ainsi son sentiment; c'est un corollaire de la généralité du débat auquel l'interpellation a donné naissance. Une seule signature est nécessaire pour la recevabilité des ordres du jour; si, en fait, plusieurs signatures les accompagnent, c'est afin de donner plus de force à la sanction qu'on veut soumettre aux votes de l'Assemblée.

Les ordres du jour se divisent en deux grandes classes : l'ordre du jour pur et simple et l'ordre du jour motivé.

L'ordre du jour pur et simple signifie que la Chambre ne juge pas à propos de résumer, dans une formule quelconque, les conséquences des explications qui lui ont été données par les auteurs de l'interpellation, et veut reprendre, sans autre délai, le cours de ses travaux.

Par l'ordre du jour motivé, au contraire, l'Assemblée porte un jugement général sur les faits qui lui ont été soumis, émet une déclaration de principes dépourvue de tout caractère législatif.

Il ne faudrait cependant pas croire que chacun de ces ordres du jour doive être l'objet d'une même interprétation en toutes circonstances ; ils peuvent donner lieu aux interprétations les plus diverses. Ce n'est d'ailleurs là qu'une simple conséquence de la nature « polyédrique » (1) des questions politiques.

L'équivoque qui caractérise l'ordre du jour pur et simple, et le peu d'importance que la Chambre semble attacher, en le votant, à la question qui lui est soumise, n'en restreignent nullement la portée. Sa signification est aussi variée que la nature même des questions qu'il est appelé à terminer. Il peut exprimer l'approbation de la conduite du Cabinet. Il est quelquefois, pour ce dernier, un avertissement : la Chambre ne jugeant pas l'affaire assez importante pour provoquer actuellement, par une déclaration conçue en termes explicites, une crise ministérielle, indique, en adoptant l'ordre du jour pur et simple, qu'elle est dans l'attente des dispositions que le Gouvernement prendra sur la question débattue. Mais, ce n'est que fort exceptionnellement que l'ordre du jour pur et simple impliquera, à l'égard du Cabinet, une défiance absolue : le désaccord des pouvoirs se manifestera alors au moyen d'un ordre du jour motivé, qui en fera comprendre les causes au pays.

Les ordres du jour motivés se distinguent en ordres du jour de confiance, et ordres du jour de défiance.

(1) Mancini-Galeotti.

L'ordre du jour motivé de confiance exprime, en termes absolus ou mesurés, suivant les cas, que le Parlement approuve la conduite du Gouvernement dans l'affaire qui a suscité l'interpellation.

Quant aux ordres du jour de défiance, ils comportent de nombreuses variétés. A côté de l'ordre du jour de défiance absolue, par lequel la Chambre déclare en termes précis qu'elle refuse son adhésion à la politique du ministère, on trouve l'ordre du jour de défiance mitigée, qui est plutôt un ordre du jour d'attente, et dont le but est de tenir le ministère en éveil. Et il est encore possible de concevoir un troisième ordre du jour, qui, sans atteindre le Cabinet par un blâme direct, constitue pour lui une injonction tacite de se retirer pour céder la place à un autre auquel la Chambre réserve toute sa confiance. L'ordre du jour de défiance absolue obligerait, en principe tout au moins, le chef de l'État à exclure du Cabinet futur tout membre du précédent ; par l'ordre du jour dont nous venons de parler en dernier lieu, au contraire, l'Assemblée manifeste qu'elle ne s'oppose pas à ce que quelques-uns des membres du ministère actuel entrent dans la formation de celui qui lui succédera.

III. — La rédaction des ordres du jour ne saurait, pas plus que leur signification, être ramenée à une classification régulière.

L'ordre du jour motivé de confiance est généralement conçu en ces termes : « La Chambre confiante dans le

Gouvernement.....La Chambre approuvant les déclarations du Gouvernement.... passe à l'ordre du jour »; ou même : « La Chambre, approuvant la conduite du Gouvernement et confiante dans sa prudence et dans son énergie, passe à l'ordre du jour. »

Quant aux ordres du jour motivés de défiance, en voici deux exemples qui expriment une défiance absolue : « La Chambre..... déclare que la confiance de la majorité ne saurait être acquise qu'à un Cabinet libre de son action et résolu à gouverner suivant les principes républicains » (1) (Ordre du jour adopté le 17 mai 1877 à la suite de l'interpellation Devoucoux sur la crise ministérielle), et : « La Chambre considérant... déclare que le ministère n'a pas la confiance des représentants de la nation, et passe à l'ordre du jour » (2) (Ordre du jour voté le 19 juin 1877 comme conclusion de l'interpellation de Marcère et autres sur la composition du Cabinet du 16 mai).

La forme habituelle des ordres du jour d'attente est la suivante : « La Chambre, prenant acte des déclarations du Gouvernement, passe à l'ordre du jour. » « La Chambre, persuadée que le ministère tiendra ses engagements... », « La Chambre invitant le ministère à... passe à l'ordre du jour. »

Et, pour la troisième catégorie d'ordres du jour motivés de défiance dont nous avons parlé, nous en trou-

(1) Chambre des députés, 17 mai 1877 (*J. O.*, p. 3744).
(2) Chambre des députés, 19 juin 1877 (*J. O.*, p. 4542).

vons l'exemple le plus caractéristique dans celui qui fut présenté par Gambetta à la séance du 9 novembre 1881, à la suite d'interpellations sur les affaires de Tunisie : « La Chambre, résolue à l'exécution intégrale du traité souscrit par la nation française (traité du Bardo), passe à l'ordre du jour » (1).

Un ordre du jour de défiance peut même être conçu en ces termes : « La Chambre invite le Gouvernement à céder la place à d'autres ministres » (8 novembre 1892). Le principe de la séparation des pouvoirs ne peut être invoqué à l'encontre de cette rédaction ; aucune atteinte n'est portée au droit du chef de l'État de nommer et de révoquer librement les ministres ; la Chambre ne lui donne qu'une simple indication.

Un ordre du jour pourrait même, bien qu'il soit de principe parlementaire de ne pas faire de personnalités, porter que : « le passé politique d'un ministre lui interdit de faire partie d'un Cabinet républicain ».

IV. — Le ministère qui ne se sent pas soutenu par une forte majorité parlementaire accepte l'ordre du jour pur et simple, dont la rédaction vague est susceptible d'être interprétée en des sens divers par chacun des partis de l'Assemblée. Très souvent même, il le fait réclamer par un membre favorable à sa politique. Mais, cet ordre du jour, avec la neutralité qui le caractérise, n'est pour le Cabinet qu'un appui précaire et ne lui

(1) Chambre des députés, 9 novembre 1881 (*J. O.*, *Déb. parlem.*, p. 1998).

constitue pas une garantie sérieuse de longue existence. Aussi, tout ministère préférera-t-il un ordre du
jour motivé dont le résultat sera, au moins, d'éclairer
franchement la situation.

Généralement, lorsque des discussions longues et
ardentes ont surexcité les passions politiques d'une
Assemblée, de nombreux ordres du jour motivés sont
déposés sur le bureau. Les membres de la majorité
communiquent ordinairement leur ordre du jour au ministère, avant de le présenter, et cela afin qu'il en approuve la rédaction ou indique les termes qui lui
semblent préférables. L'accord établi, l'ordre du jour
est remis au président de la Chambre, et celui-ci déclare que le Gouvernement a accepté l'ordre du jour
qu'il va soumettre au vote de l'Assemblée. Si, en présence de plusieurs ordres du jour motivés, le ministère
ne manifeste aucune préférence, les représentants de
l'opposition l'amènent bien vite à prendre parti pour
l'un d'eux.

Dans le cas où la question à trancher est vraiment
grave, la situation du Cabinet change complètement,
suivant l'ordre du jour auquel il s'est rattaché : si le
vote lui est favorable, le ministère sort de l'incident plus
fort de l'adhésion de la majorité, et reprend ses travaux
avec une nouvelle activité ; si, au contraire, ce vote lui
est défavorable, et surtout si le président du Conseil a
posé la question de cabinet, suprême appel à la confiance du Parlement, les principes du régime parle-

mentaire lui font un devoir de se retirer. Parfois cependant il essayera de chercher dans l'autre Assemblée
un appui momentané. Enfin, dans les circonstances
exceptionnelles, et si c'est la Chambre des députés qui
lui a infligé un vote de blâme, il peut faire appel au
pays lui-même, et pour cela obtenir du Sénat, par l'intermédiaire du chef de l'État, son consentement à la
dissolution.

Les ordres du jour motivés sont rarement conçus en
termes tellement précis qu'ils ne soient susceptibles de
plusieurs interprétations. Il est possible que. sur le vote
d'un ordre du jour motivé, le Cabinet se retire, quand
bien même il n'a pas été dans la pensée de la Chambre
de lui manifester sa défiance. Le dépôt immédiat d'une
nouvelle demande d'interpellation peut alors empêcher
la démission des ministres, le but de cette demande
devant être un ordre du jour interprétatif de celui qui
a été antérieurement adopté par l'Assemblée. Le cas
s'est présenté à la séance du 20 juillet 1882. A la suite
d'une interpellation du 19 du même mois, relative à la
mairie centrale de Paris, l'ordre du jour pur et simple
réclamé par le Gouvernement fut rejeté, et la Chambre
adopta un ordre du jour motivé. Mais, comme il n'était
pas dans les intentions de l'Assemblée de provoquer,
par ce vote, une crise, M. Sadi-Carnot demanda, le lendemain, à interpeller le Gouvernement sur la situation
ministérielle ; et, à la suite de l'interpellation, on vota
un ordre du jour interprétatif ainsi conçu : « La Cham-

bre, confiante dans le Gouvernement, passe à l'ordre
du jour » (1).

V. — La procédure qui régit les ordres du jour nous
présente, à première vue, une différence notable entre
l'ordre du jour pur et simple et l'ordre du jour motivé :
le premier peut être demandé verbalement ; le second,
au contraire, doit être rédigé par écrit et déposé sur le
bureau du président (règlement du Sénat, art. 84 ; règlement de la Chambre des députés, art. 42) ; la nécessité de la rédaction par écrit est commune à tous les
textes sur lesquels les Chambres sont appelées à voter.

Les ordres du jour motivés peuvent même être présentés, imprimés et distribués d'avance (Assemblée nationale, 23 mai 1873).

Le président donne lecture à l'Assemblée des ordres
du jour. Il ne le fait pas au moment même où ils lui sont
remis, mais seulement après la clôture de la discussion
générale ; et il suit généralement pour cette lecture l'ordre dans lequel a été effectué leur dépôt. De plus, comme
pour les demandes d'interpellation, il a le droit de refuser les ordres du jour conçus en termes inconvenants,
et d'inviter leur auteur à en modifier le texte.

Plusieurs objets distincts peuvent être compris dans
une même interpellation ; en ce cas, la Chambre a le
droit d'adopter à l'égard de chacun d'eux des ordres du
jour différents. Il suffit, pour cela, qu'un membre ré-

(1) Chambre des députés, 20 juillet 1882 (*J. O., Déb. parlem.*,
p. 1346 et s.).

clame la division ; les votes sont alors aussi nombreux que les objets, et, sur l'un quelconque de ces votes, le Cabinet peut être mis en minorité et obligé de démissionner. Nous trouvons un exemple de deux solutions appliquées à une même interpellation dans la séance du 10 mars 1869, à la suite d'une interpellation Richard relative aux cimetières de Paris. Sur la première partie, le Corps législatif adopta l'ordre du jour pur et simple ; la seconde partie fut renvoyée au Gouvernement.

Enfin, comme nous l'avons vu, l'Assemblée, afin d'éviter une double discussion sur la même affaire, a la ressource de prononcer la jonction de deux interpellations connexes. Seulement, jonction n'est pas confusion ; il est possible, dans le vote des ordres du jour, de tenir compte de cette dualité, et il suffit qu'un seul représentant le réclame, pour que le président applique à chacune des interpellations l'ordre du jour qui doit lui revenir régulièrement (Chambre des députés, 31 mai 1892).

Dans le cas où, une fois la discussion terminée, il n'est déposé aucun ordre du jour motivé, et si l'ordre du jour pur et simple n'est pas réclamé, le président prononce la clôture du débat. Elle implique que l'Assemblée ne juge pas la question assez importante pour nécessiter une sanction (Sénat, 24 juillet 1890 ; 2 juillet 1895 ; 26 janvier 1897 ; Chambre des députés, 23 février 1897). La Chambre a aussi, sans conteste, le droit d'opposer la question préalable à un ordre du jour motivé. Il ne s'agit plus ici, en effet, de faire échec au droit d'interpellation lui-même ; il s'agit seulement, après toute discussion, d'écarter telle ou telle proposition qui paraît présenter de sérieux inconvénients. Nous rentrons dans le domaine de l'article 90 du règlement de la Chambre des députés. Et le règlement du Sénat impérial du 5 janvier et du 3 juin 1870 reconnaissait même en termes exprès la priorité à la question préalable, plaçant cette dernière sur la même ligne que l'ordre du jour pur et simple (1).

VI^a. — Dans quel ordre doivent être soumis aux Chambres les divers ordres du jour ?

Nous pouvons supposer en présence :

a) L'ordre du jour pur et simple et un ou plusieurs ordres du jour motivés.

b) Plusieurs ordres du jour motivés.

c) Un ordre du jour quelconque et une demande d'enquête.

a) L'ordre du jour pur et simple est en présence de un ou plusieurs ordres du jour motivés. D'après les articles 42 du règlement de la Chambre des députés, et 82 du règlement du Sénat, reproduction des articles 81 du règlement de l'Assemblée législative de 1849 et 36 du règlement du Corps législatif de 1870, l'ordre du jour pur et simple, s'il est réclamé, a toujours la priorité. Ce n'est là autre chose que l'application du principe que

____

(1) Voir art. 59, §§ 5 et 6, du règlement du Sénat de 1870.

l'on doit toujours aller du simple au composé. S'il n'en était pas ainsi, les Assemblées seraient exposées à des pertes de temps considérables ; il arriverait, en effet, qu'après plusieurs votes nécessaires pour repousser les ordres du jour motivés, la Chambre adoptât en dernier lieu l'ordre du jour pur et simple.

Toutefois, il est indispensable que, malgré la demande d'ordre du jour pur et simple, l'Assemblée puisse connaître la rédaction des ordres du jour motivés ; elle doit être éclairée sur le vote qu'elle va émettre ; aussi, le président donne-t-il lecture de tous les ordres du jour motivés, lors même que l'ordre du jour pur et simple a été réclamé. Le texte des règlements de nos deux Chambres présente ici une différence qui ne se retrouve pas dans la pratique : tandis que le règlement de la Chambre des députés reste muet sur ce point, le règlement du Sénat oblige le président à donner lecture des ordres du jour qui sont déposés sur le bureau.

Tant que l'Assemblée n'a pas repoussé l'ordre du jour pur et simple, on ne peut, vu les termes formels des règlements, discuter un ordre du jour motivé. Mais, en fait, les auteurs des divers ordres du jour motivés profitent souvent du droit reconnu à chaque membre de combattre l'ordre du jour pur et simple, pour exposer les motifs qui militent en faveur de l'adoption de leur ordre du jour, tout en abrégeant leurs développements, afin d'éviter un rappel à la question.

L'ordre du jour pur et simple est réclamé, la plupart

du temps, dès la clôture de la discussion de l'interpellation. Mais, il peut également l'être lorsque plusieurs ordres du jour motivés ont déjà fait l'objet des votes de l'Assemblée ; il n'a plus alors la priorité qu'à l'égard de ceux des ordres du jour motivés sur lesquels on ne s'est pas encore prononcé. Si les opérations du scrutin sur un ordre du jour motivé sont commencées, la demande d'ordre du jour pur et simple ne peut les interrompre ; il est pourtant loisible au président de mettre aux voix l'ordre du jour pur et simple ; mais, cette adhésion du président à la demande d'un représentant ne constituera pas un précédent susceptible d'être invoqué par la suite. Telle est l'idée exprimée par Gambetta, président de la Chambre des députés, à la séance du 13 mars 1879, en réponse à M. Clémenceau qui, au cours du scrutin sur un ordre du jour motivé Rameau, avait réclamé l'ordre du jour pur et simple. Après avoir fait observer que, le scrutin ayant été ordonné, l'ordre du jour pur et simple n'avait plus la priorité de droit, et qu'il fallait un vote de la Chambre pour lui attribuer cette priorité, Gambetta ajoutait : « Je le dis, parce qu'il n'est pas possible de laisser créer ce précédent, que, quand le vote au scrutin aurait été ordonné sur un ordre du jour motivé, on pourrait venir annuler ce scrutin commencé en proposant l'ordre du jour pur et simple. » La Chambre, consacrant l'opinion de son président, admit la priorité en faveur de l'ordre du jour pur et simple (1).

(1) Chambre des députés, 13 mars 1879 (*J. O.*, p. 2040-2041).

VI[b]. — Lorsque des ordres du jour motivés se trouvent seuls en présence, par suite du rejet de l'ordre du jour pur et simple, la délibération peut être suspendue par un incident. En effet, si la Chambre est embarrassée pour faire un choix entre ces ordres du jour, ou pour trancher la question de priorité, elle a encore la ressource de les renvoyer à l'examen des bureaux (Règlement du Sénat, art. 83-84 ; règlement de la Chambre des députés, art. 44-45). La rédaction des règlements des deux Chambres diffère notablement en cette matière (1) : au Sénat comme à la Chambre des députés, le renvoi aux bureaux peut être prononcé sur la demande d'un membre. Mais, de plus, à la Chambre haute, il est de droit lorsqu'il est réclamé par le Gouvernement. Le projet de la commission de règlement de la Chambre des députés l'admettait également en ces termes, reproduisant les articles 59, § 7, du règlement du Sénat impérial, et 38 du règlement du Corps législatif de 1870. L'article 44 fut renvoyé à la commission, sur l'observation de M. Pascal Duprat, qu' « il peut être dangereux de laisser au Gouvernement le droit absolu de faire renvoyer et ajourner les ordres du jour motivés

(1) *Règlement du Sénat*, art. 83 : « En cas de rejet de l'ordre du jour pur et simple, le renvoi aux bureaux est de droit, s'il est demandé par le Gouvernement. Ce renvoi peut être également prononcé par le Sénat sur la proposition d'un de ses membres. »

Règlement de la Chambre des députés, art. 44, § 1 : « Si l'ordre du jour pur et simple est écarté, la Chambre peut, sur la demande d'un de ses membres, décider qu'elle renverra dans les bureaux l'examen des ordres du jour motivés. »

qui ont été présentés, quand l'ordre du jour pur et simple a été écarté ». On supprima, dans le règlement définitif, ces mots : « si le Gouvernement demande le renvoi aux bureaux des ordres du jour motivés, le renvoi est de droit (1) ». Une telle disposition, en effet, peut offrir des inconvénients, s'il y a dissentiment entre la Chambre et le Gouvernement sur une question de nature à mettre en jeu l'existence même du Cabinet ; l'ordre du jour pur et simple ayant été écarté, et le Gouvernement exigeant le renvoi aux bureaux d'un ordre du jour motivé de défiance, par exemple, ce serait en réalité prolonger l'incertitude sur le sort du Cabinet.

En fait, le renvoi aux bureaux est très rarement demandé. Ceci s'explique par le caractère politique des interpellations, qui nécessitent une prompte solution. Il offrirait cependant une grande utilité : il permettrait d'éviter les décisions trop précipitées, prises sous l'empire des passions qui ont animé la discussion. Voici en quels termes le rapporteur du règlement de 1849 mettait en relief cet avantage : « L'Assemblée se trouve inopinément appelée à porter un jugement décisif sur la marche des affaires publiques, à trancher les questions les plus ardues de la politique et de la diplomatie, sur une phrase trop brusquement jetée dans une discussion trop souvent confuse ou passionnée (2). »

(1) Chambre des députés, 1876 (*J. O.*, p. 4015-4045).
(2) Addition à la séance du 23 juin 1849. Rapport fait par M. Corne au nom de la Commission de règlement (*Moniteur universel*, p. 2146, colonne 3).

On ne pourrait demander le renvoi aux bureaux d'un ordre du jour motivé, tant que les Chambres n'ont pas statué sur l'ordre pur et simple. L'article 44 du règlement de la Chambre des députés et l'article 83 du règlement du Sénat s'expriment ici en termes absolus : « *Si l'ordre du jour pur et simple est écarté.* » « *En cas de rejet de l'ordre du jour pur et simple.* »

La nécessité de procéder rapidement et les termes des règlements ne permettraient pas de renvoyer les ordres du jour motivés à l'examen d'une commission déjà existante (Chambre des députés, 28 octobre 1887 ; 31 mai 1892).

Les bureaux, saisis par le renvoi qui leur a été fait, nomment une commission, et celle-ci rédige un rapport sommaire sur lequel les Chambres sont appelées à statuer, comme en matière d'urgence. L'interpellation se termine alors, soit par l'adoption de la résolution proposée par la commission, qui est tout d'abord mise aux voix ; soit, en cas de rejet, par le vote sur les ordres du jour motivés, dans l'ordre de leur discussion, à moins que la priorité n'ait été accordée à l'un d'entre eux (1).

______

(1) *Règlement du Sénat*, art. 83, § 3 : « Dans l'un et l'autre cas, une commission est nommée, et sur son rapport, le Sénat statue sommairement comme en matière d'urgence. »

Art. 84 : « La résolution de la commission est d'abord mise aux voix. Si elle est adoptée, l'interpellation est close. — Si elle est rejetée, il est statué sur les ordres du jour motivés dans l'ordre où ils ont été discutés, à moins qu'une question de priorité n'ait été résolue en faveur de l'un d'eux. — En cas de rejet, l'interpellation est

Si l'ordre du jour pur et simple est repoussé, et si personne ne demande le renvoi aux bureaux des ordres du jour motivés, le président doit les soumettre aux votes de l'Assemblée. Dans quel ordre ? Nous avons dit plus haut que le président en donne lecture dans l'ordre de leur dépôt ; mais, il n'y a pas lieu de tenir compte de cet ordre au point de vue de la priorité. L'ordre du jour qui aurait été déposé avec une demande de priorité pourrait seulement être soumis le premier, non au vote définitif, mais seulement au vote préliminaire qui a pour but de régler le rang entre les ordres du jour. De même, la priorité réclamée au cours du développement d'une interpellation ne saurait avoir aucun effet, car une demande de priorité ne peut se produire utilement qu'après la lecture des ordres du jour par le président (1). Dans le but d'éviter les difficultés que soulè-

close par le vote qui intervient sur le dernier ordre du jour mis aux voix. »

Règlement de la Chambre des députés, art. 44, § 2 : « En cas de renvoi dans les bureaux, la Chambre, sur le rapport d'une commission, statue comme en matière d'urgence. »

Art. 45 : « Si la résolution de la commission est rejetée, il est statué sur les ordres du jour motivés suivant le rang fixé par la Chambre. »

(1) Les motifs en ont été indiqués par M. Floquet à la séance de la Chambre des députés du 13 mars 1886 : « Ce n'est pas dans la discussion générale que se demande la priorité ; il serait impossible au président de se rappeler, à la fin de la discussion, si les orateurs ont témoigné leurs sympathies pour tel ou tel ordre du jour. C'est au moment où le président donne lecture des ordres du jour pour consulter l'Assemblée, que la priorité peut être utilement réclamée par l'un d'eux » (*J. O., Déb. parlem.*, p. 451).

vent les questions de priorité, les présidents les soumettent aux Chambres ordinairement dans l'ordre où
elles se sont produites publiquement, une fois la lecture des ordres du jour terminée (Sénat, 8 juillet 1890 ;
Chambre des députés, 19 novembre 1891).

Mais, il est fort possible que la priorité soit réclamée
à la fois en faveur de plusieurs ordres du jour, et que la
confusion, suite naturelle des discussions ardentes, empêche le président d'attribuer un rang aux diverses demandes. Le président consulte alors la Chambre sur
chacun des ordres du jour motivés, en tenant compte,
pour cela, du moment de leur dépôt, afin de l'amener,
par une série de votes préjudiciels, à se prononcer sur la
question de priorité.

Les demandes de priorité sont, d'ailleurs, du ressort
exclusif de la Chambre ; il n'y a d'exception en cette
matière que si l'ordre du jour pur et simple est réclamé.

Si l'Assemblée, en présence d'un nombre considérable d'ordres du jour motivés, refuse successivement la
priorité à chacun d'eux, le président les reprend un à
un, suivant l'ordre dans lequel ils lui ont été remis, et
consulte alors la Chambre sur leur adoption même ; et,
dans le cas où aucun d'entre eux n'arriverait encore à
réunir les suffrages de la majorité, tout représentant
est admis à demander la clôture. C'est là ce qui s'est
produit à la séance du 9 novembre 1881. A la suite
d'interpellations sur les affaires de Tunisie, 22 ordres

du jour et 2 demandes d'enquête furent déposées, sans que la Chambre pût s'arrêter à l'une quelconque de ces solutions. M. Franck Chauveau réclama alors la clôture, le ministre s'étant engagé au cours du débat, quelle qu'en dût être l'issue, à donner sa démission, et l'ordre du jour étant ainsi désormais privé de sanction. La clôture fut repoussée ; et la Chambre semblait incapable de dénouer la situation, lorsque Gambetta, guidé par sa connaissance approfondie de la psychologie parlementaire, déposa l'ordre du jour motivé dont nous avons indiqué plus haut le texte, et parvint à réunir sur lui les suffrages de la majorité (1).

Lorsque, après le développement d'une interpellation, le Cabinet a déclaré se rattacher à l'ordre du jour pur et simple, en faisant de son adoption la condition de sa propre existence, le rejet de cet ordre du jour entraîne sa démission ; et même, une fois cette démission annoncée, la Chambre peut adopter sur la question un ordre du jour motivé : on ne saurait considérer celui-ci comme s'adressant au Président de la République, les ministres démissionnaires restant chargés de l'expédition des affaires jusqu'à la nomination de leurs successeurs (28 novembre 1892).

VIe. — Une demande d'enquête peut être le but même d'une interpellation ; et cette demande peut encore être présentée quand les débats sur l'interpellation sont ter-

(1) Chambre des députés, 9 novembre 1881 (*J. O.*, *Déb. parlem.*, p. 1994-1998).

minés. Si l'ordre du jour pur et simple est alors réclamé, la priorité sur l'enquête doit lui être accordée (Assemblée nationale, 3 août 1849). Si la demande d'enquête, au contraire, est en concurrence avec des ordres
du jour motivés, elle doit avoir la priorité sur eux, étant
elle-même une mesure préjudicielle (Chambre des députés, 30 juin 1881). Au surplus, si, à la suite de l'interpellation, il y avait en présence une demande
d'enquête et une demande de mise en accusation du
ministère, la Chambre devrait tout d'abord statuer sur
l'enquête. M. Brisson, président de la Chambre des députés, a, en effet, déclaré, à la séance du 9 novembre
1881, que : « Si la demande d'enquête est une question
préjudicielle sur un jugement parlementaire porté par un
ordre du jour, elle est, à plus forte raison, une question
préjudicielle par rapport à une demande de mise en accusation » (1).

C'est aussi à la Chambre qu'il appartient de statuer
sur la priorité de deux demandes d'enquête déposées
concurremment comme sanction d'une interpellation
(Chambre des députés, 9 novembre 1881).

Enfin, un projet de résolution peut être présenté au
cours d'une interpellation ; il constitue alors pour la
Chambre une question à trancher séparément des ordres du jour ; la priorité appartient à ces derniers, s'il

(1) Chambre des députés, 9 novembre 1881 (*J. O.*, *Déb. parlem.*,
p. 1995).

n'en est décidé autrement par l'Assemblée (Chambre des députés, 24 juillet 1884).

VII. — Les ordres du jour reflétant la pensée de leurs auteurs, aucun autre membre de l'Assemblée n'est admis à y apporter des amendements. Celui qui n'est pas satisfait d'un ordre du jour a la ressource d'en présenter un nouveau. Un autre moyen d'en modifier la portée consiste à déposer un article additionnel (Chambre des députés, 6 mars 1897) ; le président soumet cet article à la Chambre, lorsque celle-ci a déjà statué sur l'ordre du jour auquel elle avait accordé la priorité (Chambre des députés, 22 juin 1891).

On a pu voir, dans la séance du 25 février 1897, la Chambre des députés autoriser le vote, comme disposition additionnelle, d'un projet de résolution auquel elle avait tout d'abord refusé la priorité (1).

Ces dispositions additionnelles sont souvent présentées dans le but de modifier le sens de l'ordre du jour motivé. Ainsi, à la séance du 8 mars 1897, un ordre du jour motivé douteux à l'égard du Gouvernement, devint, par l'effet d'une disposition additionnelle, un ordre du jour de confiance (2).

VIII. — Les ordres du jour motivés, qui constituent la sanction normale d'une interpellation, peuvent être exceptionnellement la conséquence de la discussion d'un projet de loi. Un débat fournit parfois à un repré-

(1) Chambre des députés, 25 février 1897 (*J.O.,Déb.parlem.*, p.550).
(2) Chambre des députés, 8 mars 1897 (*J. O., Déb. parlem.*, p.677).

sentant l'occasion d'adresser au Gouvernement une véritable interpellation ; si le ministre y répond par des déclarations de nature à engager sa responsabilité, le dépôt d'un ordre du jour motivé est admis. Il y a, en ce sens, un précédent généralement cité : à la séance de la Chambre des députés du 25 juin 1847, M. Duchatel, ministre de l'instruction publique, fut interpellé au cours de la discussion générale du budget de l'intérieur, sur des faits qui n'avaient qu'un rapport indirect avec le budget lui-même. Il répondit à ces interpellations, et M. de Morny présenta alors un ordre du jour motivé ainsi conçu : « La Chambre, satisfaite des explications données par les ministres, passe à l'ordre du jour. » Le président Sauzet accepta l'ordre du jour et le soumit à la Chambre, qui l'adopta (1).

(1) Chambre des députés, 25 juin 1847 (*Moniteur universel*, p. 1741-1746). Au Sénat, le 22 janvier 1897, un ordre du jour motivé a été la conclusion d'une proposition de loi (*J. O., Déb. parlem.*, p. 41).

CHAPITRE IV

LE DROIT DE QUESTION.

I. — Nous avons dit que les questions constituaient, avec les interpellations, les instruments principaux du contrôle des Chambres sur les actes du Gouvernement. Il est donc naturel d'étudier le droit de question à côté du droit d'interpellation. A ce sujet, nous signalerons leurs points de contact, et nous ferons valoir les diffé-rences nombreuses qui les séparent. Ces deux droits, cependant, ne doivent pas être placés sur la même li-gne, les questions ne servant et ne devant normalement servir qu'à obtenir des renseignements individuels. Peut-être même ne devrait-on y voir, au point de vue purement théorique, et malgré l'usage très large qui en est fait, qu'un élément secondaire du contrôle parle-mentaire, ce contrôle ne pouvant résulter que du concours de deux éléments : la connaissance et le jugement (1).

Le droit de question n'est autre chose que le privilège reconnu à tout membre de l'une ou de l'autre Chambre, de demander à un ministre, sans aucun appareil, des éclaircissements sur les faits relatifs, soit à la politique, soit à l'administration.

Il ne s'exerce habituellement qu'à l'occasion de matières dont l'importance n'est pas assez considérable pour faire l'objet d'une discussion et d'un vote.

Ce droit est admis dans tous les Parlements. En France, son origine remonte aux premiers essais de constitution. Jusqu'en 1848 même, les questions se confondaient avec les interpellations, cette dernière expression servant alors généralement à les désigner.

Les sources pour l'étude du droit de question sont les mêmes que celles indiquées plus haut pour le droit d'interpellation : le principe en dérive des lois constitutionnelles, la responsabilité consacrée par l'article 6 de la loi constitutionnelle du 25 février 1875 faisant un devoir aux ministres de fournir aux deux Assemblées les explications nécessaires. La procédure est déterminée par les règlements de 1876 (Sénat, art. 80, Ch. des dép., art. 47-48). Enfin, une source des plus importantes se trouve dans les précédents, l'exercice du droit de question ayant été fixé uniquement par l'usage jusqu'à la rédaction des règlements actuels.

(1) Mancini-Galeotti, *op. cit.*, p. 376.

Le droit de question, comme le droit d'interpellation, et pour les mêmes motifs, appartient également au Sénat et à la Chambre des députés ; et ses conséquences sont les mêmes, qu'il soit exercé par un membre de l'une ou de l'autre Assemblée. Mais, tandis que les interpellations ont ordinairement pour but d'exposer une théorie, de défendre un principe général, de discuter une question politique ou des affaires importantes, les questions se réfèrent plutôt à des faits particuliers ; la politique n'y joue pas toujours un rôle prépondérant.

Ce n'est pas cependant que la matière des questions soit limitativement déterminée par les dispositions réglementaires : le droit de chaque représentant d'adresser à un ministre une demande de renseignements n'a pas d'autres barrières que les principes généraux de notre droit public et les règles de convenances adoptées par les Chambres (séparation des pouvoirs ; irresponsabilité du Président de la République, etc.). Un membre du Sénat a pu très régulièrement questionner un ministre, après le vote d'ensemble d'un projet de loi, sur l'interprétation qu'il entendait donner à l'un des articles de ce projet (Sénat, 3 juillet 1883). Il n'y aurait même pas à tenir compte de ce fait que le vote du projet n'est pas définitif, l'autre Chambre ayant encore à délibérer à son sujet avant que la loi puisse être promulguée.

Jamais on n'a mis en doute le caractère individuel du droit de question : chaque membre des Chambres a le droit d'interroger les ministres. C'est toujours à un ministre en particulier que les questions sont adressées ; on ne pourrait, comme cela se pratique en Angleterre et même en Italie, interroger certains des membres de la Chambre qui auraient devant elle une responsabilité de travail à un titre quelconque : membres et rapporteurs des commissions, etc. Cependant, le 29 janvier 1897, M. Mirman, député, a pu adresser au bureau de la Chambre une question relative à la police intérieure du palais législatif (1).

II. — Nous avons vu que trois agents intervenaient dans la procédure des interpellations : deux seulement d'entre eux jouent un rôle dans celle des questions : le député ou sénateur qui demande des éclaircissements, et le ministre auquel il s'adresse. L'Assemblée n'est qu'un simple spectateur, sans rôle actif dans le débat qui se déroule entre le représentant et le membre du Gouvernement. Elle n'a pas à fixer un jour pour le développement de la question ; l'article 47 du règlement de la Chambre des députés le déclare expressément : « *Des questions peuvent être adressées par les députés aux membres du gouvernement, au commencement ou à la fin de chaque séance.* » Le choix du jour est débattu uniquement entre les deux parties en présence ; si les dispositions réglementaires ont assigné une heure au développement des questions, c'est uniquement pour

(1) Chambre des députés, 29 janvier 1897 (*J. O.*, *Déb. parlem.*, p. 171).

qu'elles ne viennent pas troubler l'ordre du jour, en se
jetant au travers d'une délibération commencée.

L'exercice du droit de question n'a pas été entouré
de formes aussi compliquées que celui du droit d'interpellation. Cela n'a pas été jugé nécessaire, à raison de
leurs différences d'étendue et de portée ; aussi trou-
vons-nous ici une procédure notablement simplifiée.

Le représentant doit avertir à l'avance le ministre
qu'il lui adressera telle question en séance publique ; il
est nécessaire, en effet, pour que la question puisse
être posée, que le ministre intéressé y ait consenti.
C'est là une règle de convenances consacrée par les
règlements de nos Assemblées. Ces règlements s'expriment, à ce sujet, en termes différents : l'article 80 de
celui du Sénat dispose : « *Le président accorde la parole
à tout sénateur qui veut poser une question à un ministre,
si le ministre y consent.* » A la Chambre des députés, le
règlement, après avoir indiqué dans l'article 47, que
les députés ont le droit d'interroger les membres du
Gouvernement, ajoute simplement dans l'article 48 :
« *Avis est donné de ces questions aux ministres compétents.* »

Cette différence de rédaction semble indiquer qu'à
la Chambre une question peut être posée à un ministre
en dehors de toute acceptation de sa part, sur le simple avis d'un député. Mais, les précédents sont constants
en sens contraire, et les deux Chambres obéissent au
principe exprimé par le règlement du Sénat. Il a été

formellement établi, notamment dans les séances du
15 mars 1873 et du 10 février 1874, que l'acceptation
du ministre est indispensable pour qu'une question
puisse lui être adressée, et le règlement de 1876 n'a
nullement voulu faire échec à cette jurisprudence.
Aussi, dans les Chambres, le président n'accorde la
parole au représentant qui désire poser une question à
un ministre, qu'après s'être assuré du consentement de
ce dernier.

Pendant la discussion du projet de règlement du
Sénat, le 17 mai 1876, le marquis de Franclieu présenta
un amendement à l'article 83 § 1 (aujourd'hui art. 80).
Cet amendement, ainsi conçu : « Le président accorde
la parole à tout sénateur qui veut poser une question à
un ministre, tout en réservant au ministre le droit de
n'y pas répondre », avait pour but de ne pas laisser le
droit de question à la discrétion du ministre. Le rapporteur s'opposa à l'admission de cet amendement :
« Il serait très fâcheux de voir un orateur monter à la
tribune, y exposer ses raisons, donner quelquefois à sa
question une forme agressive, et le ministre garder le
silence le plus complet. Cela produirait un très mauvais
effet sur l'opinion publique. Il y aurait là la possibilité
d'attaquer indirectement un membre du Gouvernement
sans que toutes les précautions et les garanties que le
règlement exige pour une interpellation fussent prises.
Nous croyons donc qu'il faut persister dans l'ancien
usage, que tout cela ne doit être qu'une affaire de cour-

toisie entre le membre du Sénat et le ministre, que le débat ne doit être interrompu que si le ministre juge utile et convenable de répondre à la question qu'on voudrait lui poser (1). »

En l'absence de dispositions réglementaires, les représentants pourraient adresser de véritables interpellations, en leur donnant le nom et l'aspect extérieur de questions ; la Chambre, n'ayant pas à fixer la date de leur discussion, verrait son ordre du jour interrompu sans sa volonté.

Cette faculté du ministre de décliner une question a cependant été contestée par M. Cuneo d'Ornano à la séance du 5 juin 1879. Gambetta, président de la Chambre, exposa alors les véritables principes : « Au point de vue du droit parlementaire, les précédents et le texte du règlement établissent que les questions peuvent toujours être posées, mais qu'elles ne peuvent être développées que si le ministre compétent, auquel on s'adresse, consent à répondre, car, par la force des choses, il n'est pas possible de poser une question si on ne trouve pas à qui parler. — C'est en prévision de ce refus que le droit d'interpellation est assuré ; l'interpellation peut être générale ou particulière.... ; elle est le véritable droit de la minorité, tandis que la question n'est que facultative, car, pour qu'elle soit posée, il

(1) Sénat, 17 mai 1876 (*J. O.*, p. 3370-3371) et 8 juin 1876 (*J. O.*, p. 3985-3986).

faut être deux : le Gouvernement et le député... (1). »

Cette différence considérable entre les questions et les interpellations est facile à justifier : les interpellations sont ordinairement l'œuvre d'un parti, parfois même de la majorité tout entière ; elles portent sur des sujets d'une grande importance ; elles fixent l'attention du pays tout entier ; et, si elles ont trait aux affaires extérieures, l'étranger en attend la solution avec anxiété ; enfin, l'existence même du ministère est souvent mise en jeu par ce moyen. Une question ne saurait avoir un tel retentissement ; ne visant que des points de détail, sans intéresser le sort du ministère, elle n'appelle pas nécessairement une réponse. Chaque ministre a trop d'affaires urgentes à étudier, sans compter les interpellations dont il est constamment assailli, pour être tenu de prêter l'oreille à toutes les questions.

Ceci ne préjudicie d'ailleurs en rien aux droits du représentant ; s'il veut être sûr d'obtenir une réponse, il déposera directement une demande d'interpellation, en suivant la procédure spéciale à cette matière ; et, s'il tient à provoquer l'expression du sentiment de la Chambre, il a encore la ressource, ainsi que nous le verrons, de transformer la question en interpellation. Aujourd'hui même, les ministres refusent souvent de répondre à des questions et prient les députés de dépo-

(1) Chambre des députés, 5 juin 1879 (*J. O.*, p. 4774-4775).

ser des interpellations sur les mêmes sujets (Voir Chambre des députés, séance du 13 mars 1897) (1).

Les questions, à la différence des interpellations, ne sont pas inscrites à l'ordre du jour, et il n'est pas possible de convenir d'une date fixe pour les développer. Lorsqu'un ministre accepte une question, la séance dans laquelle elle devra lui être posée est laissée entièrement à son choix ; peu importe que l'Assemblée ait été déjà prévenue de son objet.

L'ordre du jour ne comprenant pas les questions, on ne peut les annoncer à la tribune qu'au jour accepté par le ministre. Mais un membre peut déclarer à la Chambre, avec l'autorisation du président, qu'il a convenu avec le ministre d'un jour pour lui adresser telle question. Ce procédé sera surtout utile lorsque l'auteur de la question aura été prévenu qu'un autre membre a l'intention de déposer une demande d'interpellation sur le même sujet (Ch. des dép., 20 janvier 1890 ; 12 juin 1890).

Dans le double but d'empêcher que l'ordre du jour ne soit troublé, et de limiter les développements des questions, l'article 47 du règlement de la Chambre des députés porte : « *Des questions peuvent être adressées par les députés aux membres du Gouvernement, au commencement ou à la fin de chaque séance.* » Le projet de la commission de règlement de 1876 était encore plus

____

(1) Chambre des députés, 13 mars 1897 (*J.O.*, *Déb.*, *parlem.*, p.742).

restrictif, puisqu'il n'admettait les questions que durant
la première demi-heure de chaque séance. Le règlement
du Sénat est muet quant au moment où les questions
peuvent être adressées aux ministres ; mais le principe
qui a donné naissance à l'article 47 commande la même
solution au Sénat ; de plus, dans cette dernière Assemblée, les précédents permettent au président de renvoyer les questions intempestives à la fin de la séance
(Assemblée nationale, 11 juin 1874) (1).

Le droit de question n'est accordé aux membres du
Parlement qu'à la condition de n'en pas user pour entraver les travaux législatifs ; si donc, l'auteur d'une interpellation ne peut interrompre l'ordre du jour sans
que la Chambre ait prononcé l'urgence, *a fortiori* ne
peut-on reconnaître ce privilège à un simple question-
neur. La Chambre aurait même le droit d'ajourner une
question, afin de ne pas retarder le vote de projets im-
portants (Ch. des dép., 25 novembre 1878).

Les questions sont posées verbalement. Exiger un
écrit eût été s'exposer à des pertes de temps pour des
affaires souvent de minime importance. L'auteur de la
question la développe. Les règlements des deux Chambres n'imposent aucune limite à ces développements,
mais les orateurs doivent tenir compte des motifs qui
ont fait assigner aux questions le commencement ou la
fin de chaque séance. Les longs discours sont réservés

(1) Assemblée nationale, 11 juin 1874 (*J. O.*, p. 3949-3950).

aux interpellations ; les autoriser ici serait faciliter l'introduction d'interpellations déguisées sous le nom et sous les apparences extérieures de questions. A la séance du 26 janvier 1875, sur une question posée par M. Rouvier, et à laquelle il avait donné de grands développements, le président de l'Assemblée nationale a exposé les motifs pour lesquels les questions ne peuvent recevoir que des développements sommaires : « ..... C'est afin que l'ordre du jour de l'Assemblée ne soit pas changé contre son gré, et que, au moment où elle se réunit pour discuter les projets de loi, on ne puisse pas substituer à ces projets des questions posées au Gouvernement, et entraînant de tout autres sujets de discussion » (1). (De même, séance de la Ch. des dép. du 9 mars 1891 et du 4 juin 1892.)

Le ministre répond ensuite, et l'auteur de la question a le droit de répliquer sommairement. La jurisprudence parlementaire antérieure à 1876 ne reconnaissait pas ce droit de réplique (Assemblée nationale, 9 et 11 juin 1874). L'article 49 du règlement de la Chambre ne l'accorde qu'au seul député qui a posé la question. Il n'y a plus ici, comme en matière d'interpellation, un débat général auquel chaque membre de l'Assemblée peut prendre part ; tout se passe exclusivement entre le ministre et le représentant. Si ce dernier ne demande pas la parole après la réponse du ministre, un autre ne saurait le faire

____

(1) Assemblée nationale, 26 janvier 1875 (*J. O.*, p. 702).

à sa place. L'article 80 du règlement du Sénat exprime formellement cette idée : « *L'auteur de la question ne peut parler plus de deux fois ; les autres membres n'ont pas le droit d'intervenir.* » Ce principe ne saurait souffrir d'exception ; et, dans le cas même où la question mettrait en cause un des membres de la Chambre, le président devrait lui refuser la parole (14 juin 1887) (1).

Les termes impératifs du règlement de la Chambre, qui exige que la réplique soit sommaire, autorisent le président à s'opposer à ce qu'on lui donne une grande extension.

Si l'auteur de la question n'use pas de son droit de réplique, ou si cette réplique a eu lieu, le président prononce la clôture de l'incident, et la Chambre reprend ses travaux d'après l'ordre du jour. Mais ici se présente une difficulté sur laquelle la jurisprudence de nos deux Assemblées est contradictoire (Chambre des députés, 4 avril 1892; en sens contraire, Sénat, 10 juillet 1882). Le ministre demande la parole pour une contre-réplique : que doit faire le Président? A-t-il le droit de prononcer néanmoins la clôture? D'après l'article 6 de la loi du 16 juillet 1875, la parole ne peut être refusée à un membre du Gouvernement. Et cependant, la lui accorder dans le cas actuel, amènerait à autoriser une seconde réplique du représentant ; les débats s'éterni-

---

(1) Cependant, on a pu voir, à la séance de la Chambre des députés du 21 mars 1892, 3 membres intervenir dans une même question.

seraient : ils dégénéreraient ainsi en une véritable interpellation. Il ne serait tenu aucun compte de la volonté de la Chambre, dont les travaux se trouveraient arrêtés par la discussion immédiate d'une interpellation, qu'elle n'aurait pas prononcée. Aussi, dans la pratique, toutes choses restant en l'état, le ministre renonce-t-il à user de son droit, sur de simples observations du président, ou bien, s'il tient à répondre une seconde fois, fait-il déposer par un des membres de la majorité, une demande d'interpellation. On revient dès lors à la procédure et aux résultats que nous avons exposés dans les chapitres II et III (Chambre des députés, 13 décembre 1881).

Les questions ne sont pas susceptibles de sanction ; elles ne doivent être suivies d'aucun vote d'ordre du jour. Les manquements à ce principe sont très rares ; on n'en trouve d'exemple que dans la séance du 11 mai 1871 (1). Faire de l'exception la règle serait rendre intenable la situation des ministères exposés à toutes les chances de crise, sur des questions infimes posées par un seul député qui n'en aurait même pas mesuré la portée.

III. — Une catégorie de questions mérite une mention

______

(1) Un ordre du jour de confiance fut, par exception, voté le 11 mai 1871, après une question de M. de Belcastel, sur la demande de M. Thiers, chef du pouvoir exécutif.

Le 5 février 1870, un ordre du jour motivé ayant été déposé à la suite d'une question de Rochefort, fut retiré sur observations du président (Corps législatif, J. O., p. 257).

spéciale : ce sont celles qui peuvent être adressées aux ministres au cours de la discussion du budget. Trois différences principales les séparent des questions ordinaires :

1° Elles ne sont pas astreintes à être présentées au commencement ou à la fin des séances ; elles doivent seulement l'être au moment où vient en discussion le budget du ministre à interroger. Tant que le budget n'est pas définitivement voté, on peut poser des questions, même sur un chapitre déjà adopté (Sénat, 29 novembre 1888). Il n'y a pas là, en effet, interruption de l'ordre du jour fixé par l'Assemblée, ces questions faisant partie intégrante de la discussion du budget.

2° Elles n'ont pas besoin, pour être posées, de l'assentiment préalable du ministre.

Et 3° tout membre de la Chambre a le droit de réponse. L'Assemblée peut autoriser de grands développements ; à la séance du 16 décembre 1878, à propos d'une question posée au ministre de l'instruction publique dans le cours de la discussion de son budget, le président du Sénat, duc d'Audiffret-Pasquier, s'est exprimé à cet égard en ces termes : «... Il suffit qu'une discussion soit soulevée à propos du budget d'un ministre, pour qu'elle puisse avoir toute l'étendue et recevoir tous les développements qu'il convient au Sénat d'y donner » (1).

_____

(1) Sénat, 16 décembre 1878 (*J. O.*, p. 11999).

C'est, en effet, à l'occasion du budget que le contrôle des représentants de la nation s'exerce avec le plus d'efficacité : il ne saurait dépendre d'un ministre de limiter ce contrôle. De plus, il n'y a pas de surprise possible, chacun des membres du Gouvernement devant avoir entre les mains, lors de la discussion du budget de son département, tous les documents qui y sont relatifs.

IV. — Nous pouvons, maintenant que nous avons terminé l'étude des questions et des interpellations, résumer les différences qui les séparent ; nous nous bornerons à en indiquer trois, qui sont les plus importantes :

1° La question ne met en présence que le représentant et un membre du Gouvernement ; l'interpellation aboutit à un débat général.

2° Les ministres ne peuvent pas échapper aux interpellations, tandis qu'il leur est loisible de refuser d'accepter les questions.

3° A la différence des interpellations, les questions ne sont jamais sanctionnées par le vote d'ordres du jour.

V. — Il est cependant telles situations où l'Assemblée reconnaît la nécessité de l'intervention d'un tiers dans le débat, où elle estime que les circonstances sont trop graves pour laisser la discussion dépourvue de sanction. La Chambre a le droit, en ce cas, de prononcer la transformation de la question en interpellation.

Il suffit, à cet égard, que l'un quelconque des membres de l'Assemblée la réclame et que, dans ce but, il dépose sur le bureau une proposition écrite sur laquelle la Chambre est appelée à se prononcer.

Tout représentant peut également, au lieu de demander la transformation en interpellation d'un incident parlementaire, déposer directement une demande d'interpellation sur l'objet de l'incident ; les principes que nous avons formulés au chapitre II sont alors applicables : la demande doit être accueillie par la Chambre, et le jour de la discussion fixé conformément aux dispositions réglementaires.

Aucun moment n'est imposé pour la demande de transformation d'une question en interpellation. A l'instant même où la question est annoncée à la Chambre, et avant qu'elle ait fait l'objet d'un développement, un membre quelconque peut en réclamer la transformation. Si la Chambre l'admet, elle n'a plus qu'à statuer sur le jour du débat : à la séance du 12 juin 1890, un député annonça qu'il était d'accord avec le ministre pour renvoyer à quinzaine une question qu'il devait lui adresser le jour même. Sur la demande d'un autre membre, la Chambre prononça la transformation de la question en interpellation, et en fixa ensuite la date à quinze jours (1).

VI. — A l'inverse, l'auteur d'une interpellation peut la convertir en question, soit avec inscription à l'ordre du jour, soit même à l'ouverture du débat. Mais, cette

____

(1) Chambre des députés, 12 juin 1890 (*J.O.*, *Déb. parlem.*, p. 1044).

transformation prive les autres membres de leur droit de prendre part au débat ; aussi, chacun des membres de l'Assemblée a-t-il le droit de reprendre l'interpellation pour lui : il n'est alors tenu aucun compte de sa conversion en question (Sénat, 21 juillet 1890) (Ch. des dép., 18 décembre 1890 ; 20 janvier 1891).

Toutefois, cette transformation en question ne saurait être demandée pour une interpellation que l'Assemblée aurait ajournée : ce serait donner à un seul membre la faculté d'annuler la sentence d'ajournement. En conséquence, sur le renvoi à un mois d'une interpellation, le ministre auquel elle est adressée peut déclarer que, par respect pour la décision de la Chambre, il ne répondra à aucune question portant sur le même objet.

CHAPITRE V

I. — La Révolution, le Consulat et l'Empire (1789-1815).
II. — La monarchie parlementaire (1815-1848).
III. — La seconde République (1848-1852).
IV. — Le second Empire (1852-1870).
V. — La troisième République (1870-1875).

Nous avons étudié le droit d'interpellation et le droit de question dans leurs origines juridiques, dans leurs formes et dans leurs conséquences. Nous avons dû, au cours de cette étude, et dans le but d'appuyer certains principes, nous reporter parfois aux précédents que nous offrait notre histoire parlementaire ; et, en recourant à cette source, nous avons indiqué que ce ne sont pas des droits d'origine récente. Ces manifestations du contrôle des Chambres ne sont pas, en effet, le résultat d'une création arbitraire et soudaine ; elles sont la suite naturelle de l'évolution du régime parlementaire en France, et leur portée a varié avec les différentes phases de cette évolution. Il nous reste donc, pour compléter ce qui précède, à montrer les origines historiques et le développement des droits d'interpellation et de question. Nous prendrons, comme point de départ, la Révo-

lution de 1789, et nous diviserons, pour plus de clarté,
ce chapitre en cinq parties :

1° 1789-1815.

2° 1815-1848.

3° 1848-1852.

4° 1852-1870.

5° 1870-1875.

I. — 1° (1789-1815). Lorsque l'Assemblée nationale
constituante se réunit, il y avait un demi-siècle déjà
que l'Angleterre pratiquait le régime parlementaire.
La constitution anglaise avait été proposée comme un
modèle par de nombreux publicistes, mais tous en
méconnaissaient les principes fondamentaux. Montes-
quieu, traitant dans son *Esprit des lois* du principe de
la séparation des pouvoirs, et proposant à ce sujet
l'exemple de nos voisins d'Outre-Manche, croyait voir
chez eux une séparation absolue des pouvoirs, alors
qu'on y trouvait, en réalité, cette collaboration qui constitue le gouvernement de Cabinet. Ses idées exercèrent
une influence considérable sur l'esprit de la Constituante, qui chercha tout d'abord à assurer l'indépendance complète des pouvoirs législatif et exécutif, en
excluant les ministres de son sein, et en décidant que
les députés ne pourraient pas être ministres.

Sur la demande de Mirabeau, sir Samuel Romilly
envoya le règlement que suivait alors la Chambre des
Communes, pour servir de modèle à celui de l'Assemblée. Mais il n'en fut tenu aucun compte : on préféra

innover. Le 29 juillet 1789, la Constituante adopta son
règlement, qui, s'inspirant des idées de séparation
absolue des pouvoirs, resta muet sur l'exercice du droit
d'interpellation.

Le 6 novembre 1789, Mirabeau proposa que les ministres du Roi fussent invités à venir prendre part aux
délibérations de l'Assemblée, avec voix consultative,
jusqu'à ce que la Constitution eût fixé les règles qui
seraient suivies à leur égard. Il énuméra tous les avantages politiques que pouvait apporter la présence des
ministres dans le Parlement : « Jamais, depuis que le
Parlement anglais existe », dit-il, « il ne s'est élevé une
motion qui tendît à en exclure les ministres du Roi. Au
contraire, la nation considère leur présence, non seulement comme absolument nécessaire, mais comme un
de ses grands privilèges. Elle exerce ainsi sur tous les
actes du pouvoir exécutif un contrôle plus important
que toute autre responsabilité.

« Il n'y a pas un membre de l'Assemblée qui ne puisse
les interroger. Le ministre ne peut pas éviter de répondre. On lui parle tour à tour ; toute question est officielle, elle a toute l'Assemblée pour témoin : les évasions,
les équivoques, sont jugées à l'instant par un grand
nombre d'hommes, qui ont le droit de provoquer des
réponses plus exactes, et si le ministre trahit la vérité,
il ne peut pas éviter de se voir poursuivi sur les mots
mêmes dont il s'est servi dans ses réponses.

« ....Les exécuteurs de toutes les transactions rela ·

tives à la chose publique, tant intérieures qu'extérieures, ne sont-ils pas comme un répertoire qu'un représentant actif de la nation doit sans cesse consulter? Et où se fera cette consultation avec plus d'avantage pour la nation, si ce n'est en présence de l'Assemblée? Hors de l'Assemblée, le consultant n'est plus qu'un individu auquel le ministre peut répondre ce qu'il veut, et même ne faire aucune réponse. L'interrogera-t-on par décret de l'Assemblée? Mais alors on s'expose à des lenteurs, à des délais, à des tergiversations, à des réponses obscures, à la nécessité enfin de multiplier les décrets, les chocs, les mécontentements, pour arriver à des éclaircissements qui, n'étant pas donnés de bon gré, resteront incertains. Tous ces inconvénients se dissipent par la présence des ministres dans l'Assemblée. Quand il s'agira de rendre compte et de la perception et de l'emploi des revenus, peut-on mettre en comparaison un examen qui sera fait sous ses yeux. S'il est absent, chaque question qu'il paraîtra nécessaire de lui adresser deviendra l'objet d'un débat ; tandis que, dans l'Assemblée, la question s'adresse dans l'instant même au ministre par le membre qui la conçoit. Si le ministre s'embarrasse dans ses réponses, s'il est coupable, il ne peut échapper à tant de regards fixés sur lui ; et la crainte de cette redoutable inquisition prévient bien mieux les malversations que toutes les précautions dont on peut entourer un ministre qui n'a jamais à répondre dans l'Assemblée. Mais le débat précède, et le ministre peut n'être pas mandé par la pluralité, tandis que, dans l'Assemblée, il ne peut échapper à l'interrogation d'un seul membre » (1).

Le 7 novembre, à la suite de la motion Blin : « Aucun membre de l'Assemblée ne pourra désormais passer au ministère pendant la durée de la session actuelle », Mirabeau, revenant sur les mêmes idées, ajoutait : « ..... Je ne puis non plus imaginer qu'un des moyens de salut parmi nos voisins ne puisse être qu'une source de maux parmi nous, que nous ne puissions profiter des mêmes avantages que les Communes anglaises retirent de la présence de leurs ministres ; que cette présence ne fût parmi nous qu'un instrument de corruption ou une source de défiance, tandis qu'elle permet au Parlement d'Angleterre de connaître à chaque instant les desseins de la Cour, de faire rendre compte aux agents de l'autorité, de les surveiller, de les instruire, de comparer les moyens avec les projets, et d'établir cette marche uniforme qui triomphe de tous les obstacles. »

Malgré ces paroles énergiques, l'Assemblée, d'abord enthousiaste des idées de Mirabeau, vota une proposition de Lanjuinais amendée par Blin : « Aucun membre de l'Assemblée nationale ne pourra être appelé au ministère pendant la session actuelle » (2).

(1) Assemblée Constituante, 6 novembre 1789 (*Archives parlementaires*, 1re série, vol. 9, p. 710 et s.).

(2) Assemblée Constituante, 7 novembre 1789 (*Archives parlementaires*, 1re série, vol. 9, p. 717-718).

Cette erreur s'explique par deux ordres de considéra-
tions : d'abord, les souvenirs du gouvernement absolu
et des abus dont s'étaient rendus coupables ses ministres, et qui les faisaient redouter de l'Assemblée : celle-
ci pensa mieux assurer son indépendance en leur refusant le droit d'entrer dans son sein. Puis, on crut, ou
plutôt, on fit semblant de croire que les paroles de Mirabeau n'étaient suscitées que par son ambition personnelle, et on voulut, par ce vote, lui fermer définitivement
l'accès du ministère.

« Il serait difficile », dit Rossi, « de calculer tout ce
qu'a produit d'inconvénients et d'embarras ce malheu-
reux vote. Représentons-nous cette Assemblée n'ayant
aucunes communications faciles avec l'administration,
au milieu du mouvement si précipité des choses et des
événements... » Ces inconvénients se manifestèrent bientôt à un degré tel que la Constituante dut y pourvoir.
Après de vives discussions sur la Constitution, il fut entendu, en mars 1791, que les ministres auraient une
place marquée dans l'Assemblée législative, et seraient
entendus, soit lorsqu'ils le demanderaient, soit quand ils
seraient requis de donner des éclaircissements. Tout se
termina par le vote de la loi des 27 avril-25 mai 1791,
relative à l'organisation du ministère. D'après l'article 27 de cette loi : « Les ministres seront tenus de rendre compte, en ce qui concerne l'administration, tant
de leur conduite que de l'état des dépenses et affaires,
toutes les fois qu'ils en seront requis par le Corps légis-

latif. » Et l'article 28 ajoutait : « Le Corps législatif pourra porter au Roi telles observations qu'il jugera convenables, sur la conduite des ministres, et même lui déclarer qu'ils ont perdu la confiance de la nation » (1).

L'article 27 ne reconnaissait pas le droit individuel d'interpellation ; il attribuait ce droit à l'Assemblée tout entière. Le ministre interrogé ne pouvait refuser de répondre ; il était obligé de donner tous les éclaircissements qui lui étaient demandés.

Le 21 juin 1791, un autre décret de la Constituante décida que les ministres seraient admis à ses propres séances, pour être toujours prêts à recevoir les ordres de l'Assemblée et à donner les renseignements nécessaires.

Les mêmes idées inspirèrent la Constitution du 3 septembre 1791, qui, dans son article 10, s'exprime en ces termes : « Les ministres du Roi auront entrée dans l'Assemblée nationale législative ; ils y auront une place marquée. — Ils seront entendus, toutes les fois qu'ils le demanderont, sur les objets relatifs à leur administration, ou lorsqu'ils seront requis de donner des éclaircissements. — Ils seront également entendus sur les objets étrangers à leur administration, quand l'Assemblée nationale leur accordera la parole. »

Le règlement de l'Assemblée législative fut voté le

—

(1) Assemblée Constituante, 27 avril 1791 (*Archives parlementaires*, 1re série, vol. 25, p. 359).

18 octobre 1791. La plupart des dispositions du règlement de la Constituante y furent reproduites. Il renferme seulement deux articles nouveaux : l'un défend aux représentants d'interpeller leurs collègues qui sont à la tribune, de se placer derrière le président, etc. L'autre a pour but de prévenir les interpellations constantes que l'on adressait aux ministres, en interdisant aux députés de leur poser aucune question sans en référer au président. Il est conçu en ces termes : « Lorsque les ministres seront dans l'Assemblée, aucun autre membre que le président ne pourra leur faire, en aucun cas, d'interpellation directe, mais les éclaircissements désirés par les différents membres seront proposés au président, qui consultera d'abord l'Assemblée pour savoir si elle veut que le ministre réponde » (1).

Il n'est plus question du droit d'interpellation dans la Constitution du 5 fructidor an III ; les ministres ne sont alors que de simples agents du Directoire ; le droit d'entrer dans les Conseils leur est refusé comme aux directeurs eux-mêmes. A l'inverse, le Conseil des Cinq-Cents et le Conseil des Anciens n'ont pas le pouvoir de mander les ministres devant eux, ni de les interpeller (art. 160) ; c'est par écrit que le Directoire répond aux demandes de renseignements qui lui sont adressées par les Assemblées (art. 161).

(1) Assemblée nationale législative, règlement du 18 octobre 1791 ; chapitre III, art. 20, proposé par Lequinio le 12 octobre (*Archives parlementaires*, 1ʳᵉ série, vol. 34, p. 188) adopté le 18 (*Archives parlementaires*, 1ʳᵉ série, vol. 34, p. 277).

La Constitution de l'an VIII, négation même du régime représentatif, ne reconnaît aux Chambres le droit, ni d'appeler les ministres devant elles, ni de leur adresser des interpellations. Il n'aurait pas convenu au Premier Consul d'accepter le contrôle législatif ; il aurait pu, cependant, le donner sans danger au Sénat, dont la nomination lui était, en réalité, réservée, et chez lequel l'âge avait calmé les passions politiques. A plus forte raison ne rencontre-t-on pas le droit d'interpellation sous l'Empire ; les ministres n'y étaient que les premiers commis de l'Empereur, dont le pouvoir absorbait tous les autres, les Assemblées représentatives ayant alors perdu toute autorité.

L'Acte additionnel du 22 avril 1815 consacra bien la responsabilité ministérielle (art. 39) ; mais il s'écarta du régime parlementaire, en décidant que les communications entre le Gouvernement et les Chambres se feraient par l'intermédiaire de ministres d'État sans portefeuille (art. 18) ; l'article 46 interdit, en outre, aux Chambres d'appeler devant elles les ministres à département, sauf pour les mettre en accusation. Les ministres d'État refusaient toutes les questions, déclarant qu'elles n'étaient pas de leur ressort. La Chambre des représentants ne tarda pas à protester : à la séance du 16 juin 1815, M. Boulay de la Meurthe, ministre d'État, ayant communiqué à l'Assemblée un rapport sur les relations extérieures adressé directement à l'Empereur, M. Jay présenta une motion tendant à faire déclarer

par le ministre, s'il avait été « autorisé par le ministre
des relations extérieures à répondre aux questions qui
pourraient lui être faites par les membres de la Chambre, et pourquoi le rapport était adressé à l'Empereur
et non à la Chambre »; appuyé par Manuel, il réclama
que dorénavant ces communications fussent données
directement à la Chambre et que les ministres d'État
eussent pour mission de répondre aux questions qui
pourraient leur être adressées : « ...Dans un pays voisin
du nôtre », disait-il, « les ministres du Roi paraissent
dans la Chambre des Communes ; ils y siègent ; ils y
répondent aux interpellations qui peuvent leur être faites... »

Les ministres d'État déclarèrent que, si la Chambre
le désirait, les ministres responsables viendraient eux-
mêmes, en costume, répondre aux demandes de l'Assemblée. La Chambre, très mécontente, n'adopta pas
l'ordre du jour proposé par les membres du Gouvernement et renvoya la question à l'examen d'une commission spéciale (1). La chute de l'Empire empêcha ces
protestations de produire un effet utile.

Au surplus, il ne faut pas se méprendre sur le sens
que l'on doit attacher au mot « interpellations » durant
cette première période ; il n'y a là autre chose que ce
que nous appelons aujourd'hui « questions ». Aucun
des règlements n'établissait, pour leur exercice, de rè-

____

(1) V. Hervieu, *op. cit.* et *Archives parlementaires*, 2ᵉ série, vol. 14,
p. 458 et s.

gles précises ; enfin, nulle sanction n'y était attachée.

II. — 2° (1815-1848). Lorsque la Charte de 1814 (rétablie après les Cent jours, en 1815) eut introduit en France les principes du régime parlementaire, on vit réapparaître les questions adressées aux ministres. Châteaubriand, faisant valoir, dans sa *Monarchie selon la Charte*, l'importance et la portée des questions, employait, pour les désigner, le mot « interpellations » (chapitre XV). Mais, le droit d'interpellation proprement dit ne fut pas reconnu aux membres des Chambres ; la Charte limitait considérablement, en effet, l'initiative parlementaire : les Chambres ne pouvaient que supplier le roi de déposer tel projet de loi. Or, on sait l'étroite connexité qui existe entre les droits d'initiative et d'interpellation.

Seulement, les questions prirent un développement notable et acquirent une portée plus grande. On choisissait l'occasion que présentait une pétition quelconque, ou un article de loi, pour réclamer les explications des membres du Gouvernement, pour se livrer à une sorte de discussion générale absolument étrangère à l'objet de la délibération en cours. Ces questions portaient également sur la politique intérieure et sur la politique extérieure, et il en résultait souvent des débats très graves. Mais, elles n'aboutissaient pas au vote d'un ordre du jour. Châteaubriand posait ainsi les droits des parties en présence : « Les Chambres ont le droit de demander tout ce qu'elles veulent aux ministres. Les

ministres doivent toujours venir, toujours répondre
quand les Chambres paraissent le souhaiter... Les ministres ne sont pas toujours obligés de donner les explications qu'on leur demande ; ils peuvent les refuser,
mais en motivant leur refus sur des raisons d'Etat,
dont les Chambres seront instruites quand il en sera
temps (1)..... »

La Charte accordait aux Chambres un instrument
d'influence plus précieux encore : c'était le droit de
voter annuellement, en réponse au discours du Trône,
une Adresse par laquelle elles manifestaient leurs vœux,
leurs désirs, leurs résolutions même. Au moyen de
l'Adresse, elles témoignaient leur opinion sur la politique générale du ministère, émettaient une approbation
ou un blâme à l'encontre des actes ou des projets du
pouvoir exécutif. Ce fut le vote d'une Adresse hostile,
qui entraîna, en décembre 1821, la chute du Cabinet de
Richelieu.

C'est seulement sous la Monarchie de juillet que l'on
voit apparaître, pour la première fois en France, le droit
d'interpellation proprement dit. L'introduction en est
due à un député de la Côte-d'Or, M. Mauguin. A la
séance du 6 novembre 1830, il avertit qu'il demande-
rait au ministère des explications sur l'état des relations
extérieures de la France. La Chambre des députés fixa
la discussion de l'interpellation au 13 novembre. La

(1) Châteaubriand, *De la monarchie selon la Charte*, ch. XV.

clôture fut prononcée sans ordre du jour (1). De nouvelles interpellations du même auteur furent discutées dans les séances du 27 et du 28 janvier 1831, et, malgré les observations réitérées du président, la Chambre consacra le droit d'interpellation, en autorisant toujours la discussion.

Jusqu'en 1848, le règlement de la Chambre des députés resta muet sur la procédure des interpellations ; on y suppléa en leur appliquant les règles qui régissaient les propositions de lois, notablement simplifiées toutefois, en faveur de la facilité et de la promptitude des débats : ainsi, on n'exigeait pas que les demandes d'interpellation fussent renvoyées dans les bureaux, ni qu'elles aboutissent nécessairement à une résolution. L'usage s'introduisit de prévenir d'avance le ministre qu'on lui adresserait une question à tel jour déterminé. En outre, à la séance du 5 mars 1834, après une longue discussion dont nous avons déjà eu l'occasion de parler, l'Assemblée décida, conformément aux conclusions de M. Guizot, ministre de l'instruction publique, qu'elle aurait à statuer sur deux points : 1°) l'autorisation des interpellations (c'était consacrer la collectivité du droit d'interpellation) ; 2°) la fixation du jour de la discussion (2). En vertu de cette décision, et jusqu'en

(1) Chambre des députés, séances du 6 et du 13 novembre 1830 (*Archives parlementaires*, 2ᵉ série, vol. 64, p. 243 et p. 380 et s.).

2) Chambre des députés, 5 mars 1834 (*Archives parlementaires*, 2ᵉ série, vol. 87, p. 152).

1848, la Chambre des députés refusa d'autoriser huit demandes d'interpellation.

L'ordre du jour pur et simple a été la conclusion ordinaire des interpellations qui furent discutées de 1830 à 1848. Trois seulement se terminèrent par des ordres du jour motivés : une interpellation Mauguin, du 22 septembre 1831, sur les affaires de Pologne et de Belgique, une interpellation Thiers du 2 mai 1845 sur les congrégations religieuses, et une interpellation Odilon Barrot du 21 janvier 1848 sur la vente et l'achat des charges de finances.

La Chambre des pairs usa très rarement du droit d'interpellation ; cela s'explique facilement par le mode de nomination de ses membres : dévoués au Roi, ils ne songeaient guère à faire usage de leur droit de contrôle sur les actes de ses ministres. Cependant, de bonne heure, elle en réglementa l'exercice. A la séance du 19 février 1831, le président réclama l'addition au règlement d'un article disposant comment on devrait le mettre en œuvre. Dès le 21, le comte de Tascher déposa une proposition tendant à faire nommer une commission chargée d'examiner s'il n'y avait pas une lacune dans le titre IV du règlement, et la développa le 25. Nommé lui-même rapporteur par la commission, il donna lecture de son rapport le 16 mars. Il proposait d'ajouter en tête du titre IV du règlement, avant l'article 22, une disposition ainsi conçue : « Lorsqu'un pair croira devoir appeler l'attention de la Chambre sur un objet étranger à l'ordre du jour, et ne rentrant pas dans les dispositions prévues par le titre III du règlement, il déposera sur le bureau une demande indiquant le sujet sur lequel il désire obtenir la parole. Si cette demande est appuyée par deux membres, le président consultera la Chambre, qui décidera, s'il y a lieu, le moment auquel le pair sera entendu. »

Le 29 mars 1831, on adopta la proposition du comte de Tascher, après avoir repoussé une addition demandée par le comte de Ségur-Lamoignon dans le but de protéger les droits de la minorité : « Si la demande est appuyée par dix membres, la parole ne pourra être refusée » (1). La disposition additionnelle adoptée le 29 mars 1831 devint ensuite l'article 58 du règlement du 19 juin 1833 avec quelques modifications dans sa rédaction. Il mentionnait, en outre, que la demande d'interpellation serait lue par un des secrétaires (2).

Ainsi, il ne suffisait pas de déposer une demande écrite sur le bureau, d'obtenir l'autorisation de la Chambre,

---

(1) Chambre des pairs, 29 mars 1831 (*Archives parlementaires*, 2ᵉ série, vol. 68, p. 175-177).

(2) Article 58 du règlement de la Chambre des pairs : « Lorsqu'un pair croit devoir appeler l'attention de la Chambre sur un objet étranger à l'ordre du jour, et ne rentrant point dans les propositions prévues aux articles 56 et 57 précédents, il dépose sur le bureau une demande indiquant le sujet sur lequel il désire obtenir la parole. Cette demande est lue immédiatement par un des secrétaires, et si elle est appuyée par deux membres, le président consulte la Chambre qui décide, s'il y a lieu, le moment auquel le pair sera entendu » (Chambre des pairs, 19 juin 1833, *Archives parlementaires*, 2ᵉ série, vol. 85, p. 254).

il fallait encore que la demande fût approuvée par deux pairs, afin que l'ordre du jour de l'Assemblée ne fût pas encombré par des questions de minime importance.

Cinquante interpellations environ furent discutées à la Chambre des députés de 1830 à 1848 ; la plupart étaient relatives aux questions de politique extérieure qui ont alors gravement préoccupé l'opinion publique. On n'en trouve guère, au contraire, qu'une dizaine à la Chambre des pairs.

III. — 3° (1848-1852). Du 4 mai 1848 au 26 mai 1849, l'Assemblée nationale constituante n'eut pas à discuter moins de soixante-quinze interpellations ; mais elle n'inséra dans son règlement aucune disposition relative à leur procédure. Ce fut le règlement de la Législative qui, le premier, détermina les formes à suivre pour leur dépôt, leur discussion et leurs résultats. Ce règlement fut voté le 3 juillet 1849. Son chapitre VII, *Des propositions et des demandes d'interpellation*, articles 79 à 82 (1), a servi de modèle aux règlements postérieurs,

---

(1) Art. 79. — « Tout représentant qui veut faire des interpellations en remet la demande écrite au président. Cette demande explique sommairement l'objet des interpellations ; le président en donne lecture à l'Assemblée. Les interpellations de représentant à représentant sont interdites. »

Art. 80. — « L'Assemblée, après avoir entendu un des membres du Gouvernement, fixe, par assis et levé, sans débats, le jour où les interpellations seront faites. Après les interpellations et la clôture de la discussion, l'Assemblée reprend son ordre du jour. »

Art. 81. — « Aucun ordre du jour motivé ne peut être présenté, s'il n'est rédigé par écrit, et déposé sur le bureau du président, qui en donne lecture. L'ordre du jour pur et simple, s'il est réclamé, a

notamment à ceux qui régissent actuellement nos Assemblées. Il introduisait des dispositions nouvelles :
remise d'une demande écrite au président, qui en donne
lecture ; fixation par l'Assemblée, du jour de la discussion ; plus respectueux des droits de la minorité, il
n'exige plus une autorisation préalable de l'Assemblée.
Enfin, il établit que les interpellations se termineront
par des ordres du jour, dont il règle sommairement la
procédure.

La Législative ne fut pas moins féconde en interpellations que la Constituante : soixante-trois vinrent en
discussion du 28 mai 1849 au 2 décembre 1851.

IV. — 4° (1852-1870). Le droit d'interpellation devait
naturellement porter ombrage à l'auteur du coup d'État;
aussi, dans la proclamation du 14 janvier 1852, il écri-
vait : « Le Corps législatif discute librement la loi,
l'adopte ou la repousse, mais n'y introduit pas à l'im-
proviste de ces amendements qui dérangent souvent
toute l'économie d'un système et l'ensemble du projet
primitif..... La Chambre n'étant plus en présence des
ministres, et les projets de loi étant soutenus par les

toujours la priorité. »

Art. 82. — « Si l'ordre du jour pur et simple est écarté, l'Assemblée décide, par assis et levé, sans débats, si elle renverra dans les
bureaux l'examen de l'ordre du jour motivé. En cas de renvoi dans
les bureaux, l'Assemblée, sur le rapport d'une commission, statue
comme en matière d'urgence » (Assemblée nationale législative,
3 juillet 1849, *Moniteur universel*, p. 2238). Voir également le rapport
de la commission de règlement et le projet de règlement, *Moniteur
universel*, p. 2145-2148).

orateurs du Conseil d'État, le temps ne se perd plus en
vaines interpellations, en accusations frivoles, en luttes
passionnées, dont l'unique but était de renverser les
ministres pour les remplacer. » L'initiative étant ainsi
réservée à l'Empereur, les députés ne pouvaient prendre la parole qu'à l'occasion du projet de loi présenté
par le Gouvernement ; les ministres n'avaient pas le
droit d'entrée au Corps législatif, en qualité de députés ;
ne dépendant que de l'Empereur, ils n'étaient responsables que devant lui, chacun des actes qui le concernaient : ils ne formaient pas un Cabinet.

C'était réduire l'Assemblée à n'exercer qu'un contrôle
rétrospectif, limité, sans efficacité. On ne lui soumet-
tait, en effet, que des faits accomplis ; la privation du
triple droit d'initiative, d'adresse (1) et d'interpellation
interdisait aux députés de s'occuper des affaires qu'il ne
plaisait pas au Gouvernement de leur soumettre. Enfin,
le contrôle restait dépourvu de sanction, le Corps législatif n'ayant aucun moyen d'action sur le pouvoir exécutif.

Mais, la discussion du budget permit, chaque année,
aux représentants, d'exprimer leurs volontés, soit en
contestant, soit même en refusant au Gouvernement les
crédits qu'il demandait. Ils en profitaient pour lui
adresser des questions sur les sujets les plus divers.

Le système des candidatures officielles n'ayant laissé
entrer au Corps législatif que des partisans du régime,

____

(1) L'adresse ayant cessé d'être en usage depuis 1848, la Constitution ne la rétablit pas.

la première législature ne demanda pas l'usage du droit d'interpellation. Les élections de 1857 introduisirent quelques opposants dans l'Assemblée ; on dut alors donner satisfaction à leurs réclamations approuvées par l'opinion publique. Un décret du 24 novembre 1860 rétablit l'Adresse, et un autre décret du 3 février 1861, modifié le 28 décembre suivant, en réglementa l'exercice au Sénat et au Corps législatif. Le même décret instituait des ministres sans portefeuille, pour défendre devant les Chambres la politique impériale. Mais, ces ministres, n'étant que des porte-parole, ne répondaient pas aux questions qui leur étaient adressées, alléguant qu'elles ne rentraient pas dans leurs attributions.

La discussion du budget continua (et il en fut ainsi pendant toute la durée de l'Empire), à fournir aux députés l'occasion d'exprimer leurs vœux et leurs doléances. Les cinq députés de l'opposition élus en 1857, puis les trente-cinq élus en 1863 harcelèrent le Gouvernement de questions, introduisant des interpellations détournées, pour exprimer bien haut leur mécontentement. Sous prétexte de combattre les crédits demandés au Corps législatif, on critiquait amèrement tous les actes du Gouvernement, le plaçant ainsi dans une situation parfois assez précaire : il devait apporter une solution ou un semblant de solution, s'il voulait échapper un instant aux reproches. Le grand talent des orateurs de l'opposition : Gambetta, Jules Favre, Thiers, donnait à ces questions un retentissement considérable, qui ne permettait pas de les étouffer, à peine de soulever l'opinion publique.

Le Gouvernement n'en resta pas moins fort longtemps réfractaire à l'introduction du droit d'interpellation, qui figurait au nombre des réformes réclamées par la minorité opposante. Le 28 mars 1865, dans la discussion de l'Adresse, M. Thiers s'écriait : « N'éprouvez-vous pas une sorte de confusion à vous trouver en présence des représentants de la couronne, lorsque votre mission est de vous expliquer avec eux, et d'être dans l'impossibilité de leur adresser les questions les plus simples, parce que le droit d'interpellation n'existe pas » (1).

Le 17 mars 1866, M. Buffet soutint un amendement au paragraphe 12 de l'Adresse ; il réclama surtout le droit d'interpellation, afin que la Chambre ne fût plus saisie uniquement de faits accomplis. M. du Miral, ministre, soutint que le Corps législatif avait déjà ce droit à l'occasion de l'Adresse, et dans les discussions du budget ; il déclara qu'il n'y avait pas lieu de rien ajouter à ce qui existait déjà (2). Le 20 mars, M. Rouher répondit à son tour à M. Buffet ; dans un discours remarquable, et après avoir promis certaines concessions quant au droit d'amendement, il déclara qu'il ne saurait jamais être question d'accorder aux représentants le droit d'interpellation, celui-ci étant incompatible avec l'ordre et la fécondité des délibérations. Comme M. du Miral, il

(1) Corps législatif, 28 mars 1865 (*Moniteur universel*, p. 340).
(2) Corps législatif, 17 mars 1866 (*Moniteur universel*, p. 329-332).

prétendit que l'Assemblée en était déjà investie : « quant au droit d'interpellation, est-ce qu'il n'existe pas, est-ce que vous n'avez pas le droit de demander quelles sont les vues du Gouvernement ? Mais, votre session, je vous en demande pardon, est une interpellation continue, qui commence au premier jour de l'Adresse, qui se continue dans la loi du contingent, qui passe à la loi du budget, qui se prolonge ainsi toute la durée de la session. C'est une interpellation libre, non conditionnelle, non réglementée, que vous pouvez exercer à tout moment, et le Gouvernement répond avec empressement... » (1).

L'Empereur s'émut enfin de ces réclamations, et il eut avec M. Walewski, dans les dernières semaines de l'année 1866, de nombreux entretiens sur les réformes à introduire. Il paraissait fort difficile de lui faire admettre le droit d'interpellation : le Corps législatif y trouverait un moyen de s'immiscer, aussi avant qu'il le voudrait, dans la direction de la politique intérieure et de la politique extérieure, et de disputer ainsi à l'Empereur une prérogative dont il était très jaloux. A l'encontre de toutes les prévisions, ce fut l'un des points qu'il accepta le plus aisément ; il regrettait, en effet, le décret de 1860, et désirait supprimer l'Adresse, qui n'avait pas donné les résultats qu'il en attendait : il ne pouvait retirer ce droit aux Assemblées, sans leur accorder une compensation.

(1) Corps législatif, 20 mars 1866 (*Moniteur universel*, p. 338).

Le rétablissement du droit d'interpellation devait avoir pour résultat l'entrée des ministres dans les Chambres. Les ministres sans portefeuille et le ministre d'État avaient souvent dû répondre à des questions portant sur des matières dont ils n'avaient jamais eu à s'occuper ; les ministres ordinaires eux-mêmes préféraient défendre leurs propres actes plutôt que d'être à la discrétion de leurs collègues sans responsabilité. Enfin, on pouvait prévoir que l'exercice du droit d'interpellation allait recevoir un grand développement, et que les orateurs du Gouvernement se trouveraient dans l'impossibilité de faire face de tous les côtés à la fois.

Le 19 janvier 1867, parut au *Moniteur* un décret qui rétablissait le droit d'interpellation « sagement réglementé ». Une lettre du même jour, de Napoléon III à M. Rouher, ministre d'État, indiquait pour quels motifs l'interpellation était substituée à l'Adresse : « .....La discussion de l'Adresse n'a pas amené les résultats qu'on devait en attendre ; elle a parfois passionné inutilement l'opinion, donné lieu à des débats stériles, et fait perdre un temps précieux pour les affaires » (1).

Cette substitution offrait de grands avantages pour les Assemblées ; ce n'est pas, en effet, dans une délibération annuelle seulement, mais à tout moment, qu'elles doivent pouvoir exercer leur contrôle sur la conduite

(1) Une note mise au bas du *Moniteur* indiquait même combien de temps avait été absorbé, chaque année, par les discussions de l'Adresse.

du Gouvernement. Le *Moniteur* du 20 janvier 1867 s'exprimait ainsi à cet égard : « Les discussions gagneront en sincérité et utilité publique, lorsqu'elles reposeront sur une question circonscrite, posée et connue d'avance, portant sur un intérêt sérieux et précis. » De plus, la rédaction d'une Adresse ne se prête guère aux transactions ; elle donne prise souvent aux interprétations les plus opposées ; le moindre blâme qu'elle renferme semble atteindre tous les actes du Gouvernement. Il n'était plus désormais nécessaire de recourir à des voies détournées pour demander au Gouvernement des explications, et pour lui tracer une ligne de conduite. La politique intérieure et extérieure, qui, depuis quinze années, avait été soumise à la direction exclusive de l'Empereur, obéissait désormais à l'action directe du Parlement.

Le décret du 19 janvier entourait le droit d'interpellation de limites et de précautions extrêmes. L'article 1er reconnaissait qu'il pouvait être exercé également au Corps législatif et au Sénat. Dans cette dernière Assemblée, il n'offrait guère de dangers, car elle ne se composait que de membres à la nomination du souverain ; aussi, la réglementation visait surtout le Corps législatif, où le Gouvernement était en butte aux critiques incessantes de l'opposition. D'après l'article 2, la demande d'interpellation devait être signée de cinq membres au moins. Déposée sur le bureau, elle était communiquée par le président au ministre d'État ; dans le délai de trois jours, elle était renvoyée à l'examen des bureaux. Article 3, elle n'était lue et discutée que si deux bureaux au Sénat, quatre au Corps législatif, sur neuf, avaient émis l'avis que l'interpellation pouvait avoir lieu.

La discussion autorisée (art. 4), le débat ne se terminait que de deux manières : par l'ordre du jour pur et simple, auquel on reconnaissait toujours la priorité, ou par un renvoi au Gouvernement, qui ne pouvait être prononcé qu'en ces termes : « Le Sénat (ou le Corps législatif) appelle l'attention du Gouvernement sur l'objet des interpellations « (art. 5) (1).

Le décret du 19 janvier fut bien accueilli par l'opinion publique ; mais, il ne satisfit pas les libéraux, qui

(1) Décret du 19 janvier 1867 :

Art. 1er. — Les membres du Sénat et du Corps législatif peuvent adresser des interpellations au Gouvernement.

Art. 2. — Toute demande d'interpellation doit être écrite ou signée par cinq membres au moins. Cette demande explique sommairement l'objet des interpellations ; elle est remise au président, qui la communique au ministre d'Etat et la renvoie à l'examen des bureaux.

Art. 3. — Si deux bureaux du Sénat, ou quatre bureaux du Corps législatif émettent l'avis que les interpellations peuvent avoir lieu, la Chambre fixe le jour de la discussion.

Art. 4. — Après la clôture de la discussion, la Chambre prononce l'ordre du jour pur et simple ou le renvoi au Gouvernement.

Art. 5. — L'ordre du jour pur et simple a toujours la priorité.

Art. 6. — Le renvoi au Gouvernement ne peut être prononcé que dans les termes suivants: « Le Sénat (ou le Corps législatif) appelle l'attention du Gouvernement sur l'objet des interpellations. » Dans ce cas, un extrait de la délibération est transmis au ministre d'Etat.

protestèrent d'abord contre la suppression de l'Adresse, et ensuite contre les entraves nombreuses qui étaient apportées à l'exercice du droit d'interpellation. La rentrée du Corps législatif eut lieu le 15 février 1867 ; dès le 19, deux demandes d'interpellation furent déposées : l'une par E. Picard, et l'autre par le vicomte Lanjuinais. Elles furent admises par les bureaux. Le 25 février, le vicomte Lanjuinais développa la seconde, relative aux modifications apportées au décret du 24 novembre 1860 ; il rappela les paroles prononcées par M. Rouher, le 20 mars 1866, et montra que les formalités imposées faisaient, en réalité, du droit nouveau que l'on venait de concéder aux Chambres, le droit de la majorité et non celui de la minorité (1). La procédure adoptée était trop rigoureuse : il pouvait arriver qu'une interpellation, acceptée à l'unanimité par deux ou trois bureaux, ne fût rejetée par les autres qu'à une infime majorité ; il en résultait que, bien qu'ayant réuni la majorité des suffrages exprimés, la discussion n'en était pas admise : l'exemple s'en présenta durant la session de 1868. Mais, le point capital était surtout l'impossibilité pour l'Assemblée de motiver ses ordres du jour ; il lui était interdit de préciser le sens de ses votes, d'exprimer nettement son opinion sur les actes du Gouvernement. De 1867 à 1869, la majorité, encouragée par les ministres, abusa de sa supériorité numérique :

(1) Corps législatif, 25 février 1867 (*Moniteur universel*, p. 207-209).

nombreuses furent les interpellations rejetées par les bureaux.

Le 10 décembre 1867, M. Buffet demanda l'autorisation d'interpeller le Gouvernement sur la convenance de modifier les dispositions du décret du 19 janvier 1867, notamment celle qui interdisait au Corps législatif, de formuler, par un ordre du jour motivé, son avis sur les questions dont il avait autorisé la discussion. Le 12, sept bureaux rejetèrent la demande. Mais, les inconvénients des restrictions apportées au droit d'interpellation étaient déjà reconnus par un certain nombre de membres de la majorité, et l'idée d'une réforme fit des progrès dans les esprits. Le ministre d'État déclara alors que la question était à l'étude, et que l'on ne tarderait pas à donner satisfaction aux réclamations de l'Assemblée. Ce n'est que sept mois plus tard que cette promesse, constamment rappelée par la voie de la presse, devait recevoir son exécution.

Un message impérial du 12 juillet 1869 au Corps législatif annonçait la convocation prochaine du Sénat pour examiner un certain nombre de réformes, au nombre desquelles figurait l'extension du droit d'interpellation.

Le 2 août, le Sénat se réunit, et on lui soumit le projet de sénatus-consulte modifiant la Constitution ; en ce qui concernait le droit d'interpellation, ce projet reconnaissait à tout membre du Sénat ou du Corps législatif le droit d'adresser au Gouvernement des interpellations qui pourraient être suivies d'ordres du jour motivés. M. Rouher, alors Président du Sénat, exposa les motifs qui avaient amené le Gouvernement à proposer ces modifications, et distingua même, à cette occasion, le droit d'interpellation et le droit de question.

Le texte soumis au Sénat était ainsi conçu : Art. 7 : « Tout membre du Sénat ou du Corps législatif a le droit d'adresser une interpellation au Gouvernement. Des ordres du jour motivés peuvent être adoptés.

Le renvoi aux bureaux de l'ordre du jour motivé est de droit, quand il est demandé par le Gouvernement. Les bureaux nomment une commission sur le rapport sommaire de laquelle l'Assemblée statue. »

L'article 7 fut voté sans modifications le 6 septembre 1869, après rejet d'un amendement Hubert Delisle, qui proposait le rétablissement de l'Adresse, comme complément du droit d'interpellation. Le 9 septembre 1869, le sénatus-consulte fut promulgué.

Ce même sénatus-consulte reconnaissait aux Chambres le droit de faire leur règlement intérieur. Elles ne mirent aucun retard à user de cette prérogative importante, et dès le 28 décembre 1869, la commission de règlement du Sénat présenta un projet qui fut adopté le 5 janvier 1870. Il rétablit le droit d'interpellation comme droit individuel et reproduit les propositions du règlement de 1849. Deux innovations seulement méritent d'être signalées : il déclare expressément que l'on peut, sur l'interpellation, proposer non seulement l'ordre du jour pur et simple ou un ordre du jour motivé, mais encore la question préalable, à laquelle il attribue même la priorité. Conformément au sénatus-consulte, il décide que le renvoi aux bureaux de l'ordre du jour motivé est de droit, lorsqu'il est demandé par le Gouvernement. En outre, le texte précise que l'auteur ou les auteurs de l'interpellation ont toujours le droit d'être entendus. Lors du vote, le 5 janvier 1870, on ajouta que le président, après avoir lu la demande d'interpellation, devrait la communiquer au Gouvernement (1).

Ce fut aussi le règlement de la Législative de 1849, qui servit de modèle à la commission du Corps législatif, dont le rapport fut déposé le 10 janvier 1870. Les

(1) Règlement du Sénat du 5 janvier 1870 (*Journal officiel*, p. 21). Ch. X, *Des demandes d'interpellation au gouvernement.*

Art. 59 : « Toute demande d'interpellation qu'un ou plusieurs sénateurs veulent adresser au Gouvernement doit expliquer sommairement le sujet des interpellations. — Elle est remise au président du Sénat, qui en donne lecture en séance publique et la communique au Gouvernement. — Le Sénat fixe le jour de la discussion. — L'auteur ou les auteurs de l'interpellation ont toujours le droit d'être entendus. — On peut proposer sur l'interpellation, soit la question préalable, soit l'ordre du jour pur et simple, soit l'ordre du jour motivé. — La question préalable et l'ordre du jour pur et simple ont toujours la priorité. — Le renvoi aux bureaux de l'ordre du jour motivé est de droit quand il est demandé par le Gouvernement. Ce renvoi peut, dans tous les cas, être ordonné par le Sénat. — Les bureaux nomment une commission sur le rapport sommaire de laquelle le Sénat prononce. Dans le cas où l'ordre du jour motivé est adopté, la délibération est transmise au ministre compétent. »

articles 33-41 du chapitre VI du règlement du 2 février 1870 reproduisent les articles 79 à 81 du règlement de 1849.

Comme au Sénat, il déclare que le renvoi aux bureaux est de droit quand il est réclamé par le Gouvernement. Il décide en termes exprès, que l'Assemblée peut fixer le jour de la discussion, soit dans la séance même, soit dans une séance ultérieure. Enfin, c'était le député lui-même qui devait donner lecture de sa demande d'interpellation, avant de la déposer sur le bureau (1). Le règlement du Corps législatif ne fut pas modifié après

(1) Règlement du Corps législatif du 2 février 1870 (*J.O.*, p. 70-71 et 233-234).

Chapitre VI.

Art. 33. — Le député qui veut adresser une interpellation en donne lecture au Corps législatif et la dépose sur le bureau.

Art. 34. — Le Dorps législatif, après avoir entendu un des membres du Gouvernement, fixe, sans débat sur le fond, soit dans la séance, soit dans une séance ultérieure, le jour où l'interpellation sera faite.

Art. 35. — Au jour indiqué, l'interpellation a lieu. — Aucun ordre du jour motivé sur les interpellations ne peut être présenté, s'il n'est rédigé par écrit et déposé sur le bureau du président, qui en donne lecture.

Art. 36. — L'ordre du jour pur et simple, s'il est demandé, a toujours la priorité.

Art. 37. — Si l'ordre du jour pur et simple n'est pas adopté, et si le renvoi aux bureaux n'est pas ordonné conformément aux articles ci-après, le président soumet les ordres du jour motivés au vote du Corps législatif.

Art. 38. — En cas de rejet de l'ordre du jour pur et simple, si le Gouvernement demande le renvoi aux bureaux des ordres du jour motivés, le renvoi est de droit. — Ce renvoi peut être également ordonné par le Corps législatif sur la proposition d'un de ses membres. — Dans l'un et l'autre cas, une commission est nommée, et

le sénatus-consulte du 20 avril 1870. Celui du Sénat fut seul l'objet d'une révision : l'article 59 fut maintenu, avec une infime modification de rédaction (1). On ajouta un article 60 : « Les demandes d'interpellation, retirées par leur auteur, peuvent être reprises par un autre sénateur. »

Le droit de question ne fit, même après le décret de 1867, l'objet d'aucune contestation, et il fut exercé très fréquemment jusqu'à la chute de l'Empire ; mais sa procédure ne fut pas réglementée (2). Le 6 avril 1870, M. Vendre, membre du Corps législatif, déposa une proposition qui avait pour but à la fois de limiter le nombre des questions et de fixer leur procédure : « Le Corps législatif fixe une séance par semaine, au commencement de laquelle, après adoption du procès-verbal, les dépu-

sur son rapport sommaire, le Corps législatif statue comme en matière d'urgence.

Art. 39. — La résolution de la commission est d'abord mise aux voix. Si cette résolution est adoptée, l'interpellation est close. — Si elle est rejetée, il est statué sur les ordres du jour motivés, dans l'ordre où ils ont été discutés. — En cas de rejet, l'interpellation est close par le vote qui intervient sur le dernier ordre du jour mis aux voix.

Art. 40. — Les demandes d'interpellation retirées par ceux qui les ont faites, peuvent être reprises.

Art. 41. — Les interpellations de député à député sont interdites.

(1) Règlement du Sénat du 3 juin 1870, ch. VIII, *Des demandes d'interpellation au gouvernement* : Art. 59, § 2 : « Elle est remise au président, lue en séance publique et communiquée au Gouvernement » (*J. O.*, p. 933).

(2) La distinction des interpellations et des questions a été faite très nettement par M. Schneider, président du Corps législatif, le 10 janvier 1870 (*J. O.*, p. 54).

tés peuvent, en dehors des affaires portées à l'ordre du jour, adresser des questions au Gouvernement sur des faits spéciaux de politique ou d'administration. — Ces questions, dont les ministres doivent avoir été avertis préalablement, sont posées aussi succinctement que possible et ne comportent jamais que des observations très sommaires. Dans les cas d'urgence reconnue, sans débats par la Chambre, les questions dont il s'agit peuvent exceptionnellement être posées au commencement de toutes les séances du Corps législatif (1). »

L'auteur même de la proposition la retira comme inutile, le droit de question étant entré dans l'usage, donc dans le droit de la Chambre, et le nombre considérable de questions posées aux ministres, qui avait motivé sa proposition, ayant notablement diminué depuis son dépôt.

Au Sénat, le 3 juin 1870, M. Rouland proposa, de même, une disposition additionnelle à l'article 59 du règlement : « Indépendamment des interpellations dont le mode est réglé ci-dessus, et pour le cas où il ne doit pas être statué par un vote de l'Assemblée, tout sénateur peut adresser aux membres du Gouvernement les questions et communications qu'il croit justifiées par un intérêt public. — Le sénateur doit préalablement avertir le ministre, et le Sénat, séance tenante, accorde ou refuse l'autorisation de développer les questions ou communications proposées (2). »

(1) Corps législatif, 6 avril 1870 (*J. O.*, p. 618).
(2) Sénat, 3 juin 1870 (*J. O.*, p. 933).

Le retrait en eut également lieu à la suite d'observations du président : « je crois », dit-il, « que l'ordre des
questions doit être laissé à la jurisprudence, et c'est
pour cela que la commission n'a pas voulu en faire une
disposition réglementaire, qui aurait très souvent fait
dégénérer les interpellations en questions, et qui aurait
très probablement fait usurper la question sur le droit
d'interpellation. »

Il nous faudra arriver à 1876 pour trouver une réglementation du droit de question.

V. — 5° (1870-1875). Le lendemain de sa réunion,
le 13 février 1871, l'Assemblée nationale adopta provi-
soirement le règlement de 1849, qui la régit jusqu'au
vote des règlements actuels. Il y eut cependant, de 1871
à 1875, une innovation qui tenait au caractère incer-
tain du régime : la loi du 31 août 1871, article 3, déclarait le Président de la République responsable devant
l'Assemblée ; l'article 2 proclamait également la responsabilité des ministres. On admit, en conséquence,
que les interpellations pourraient être adressées au
Président de la République. Un tel système atténuait
notablement, en réalité, le principe proclamé par l'article 2 de la loi ; aussi l'Assemblée chercha-t-elle bientôt à rendre l'intervention du chef de l'État moins fréquente, de manière à n'avoir ordinairement que les
ministres devant elle. Dans ce but fut votée la loi du
13 mars 1873, qui dit dans son article 4 : « Les interpellations ne peuvent être adressées qu'aux ministres

et non au Président de la République. — Lorsque les
interpellations adressées aux ministres ou les pétitions
envoyées à l'Assemblée se rapportent aux affaires extérieures, le Président de la République aura le droit
d'être entendu. — Lorsque ces interpellations ou ces
pétitions auront trait à la politique intérieure, les ministres répondront seuls des actes qui les concernent.
Néanmoins, si, par une délibération spéciale communiquée à l'Assemblée avant l'ouverture de la discussion
par le vice-président du Conseil des ministres, le Conseil
déclare que les questions soulevées se rattachent à la
politique générale du Gouvernement et engagent ainsi
la responsabilité du Président de la République, le président aura le droit d'être entendu dans les formes
déterminées par l'article 1er. Après avoir entendu le
vice président du Conseil, l'Assemblée fixe le jour de la
discussion. »

La Constitution de 1875, en proclamant l'irresponsabilité politique du Président de la République, a con-
damné les interpellations qui pourraient lui être adressées, et lui a interdit d'intervenir dans leur discussion.
Elle a ainsi rendu à la responsabilité ministérielle son
véritable domaine.

CHAPITRE VI

LE DROIT D'INTERPELLATION DANS QUELQUES
PAYS ÉTRANGERS.

Le droit d'interpellation est admis par la majorité
des États constitutionnels, même les moins libéraux,
mais à des degrés très divers quant à son étendue et
quant à ses conséquences. Nous allons l'étudier successivement chez plusieurs d'entre eux, en dégageant
les traits caractéristiques qu'il y revêt, et qui constituent
autant de différences avec le régime français. Nous pas-
serons ainsi en revue l'Angleterre, les États-Unis et les
Républiques américaines en général, la Suisse, l'Allemagne, la Prusse et la Bavière, l'Autriche-Hongrie et
l'Italie. Pour les autres pays, nous nous bornerons à
quelques indications très sommaires.

I. — Grande-Bretagne.

La distinction des questions et des interpellations est d'origine française : les usages parlementaires anglais comprennent ce double moyen de contrôle sous la dénomination générique de questions. La langue anglaise n'ignore pas, cependant, le mot interpellation.

Le droit de question n'est pas, en Angleterre, la résultante de textes constitutionnels ou législatifs ; les règlements ne jouent même dans son exercice qu'un rôle secondaire. Nous avons indiqué quatre sources pour l'étude générale du droit d'interpellation : les lois constitutionnelles, les lois ordinaires, les règlements des Chambres et les précédents qui y sont établis. Le droit de question, au Parlement anglais, ne remonte, en réalité, qu'aux deux dernières de ces sources. La Constitution de la Grande-Bretagne, en effet, n'est pas formée d'un ensemble de textes, à caractère spécial, et soumis, au point de vue de leur confection et de leur révision, à des formes particulières ; elle est, avant tout, une Constitution coutumière, de tradition, qui s'est élaborée au cours des siècles. La coutume, et surtout les pratiques constitutionnelles, en sont la base. Si l'on y rencontre quelques sources écrites (pactes, traités, statuts), elles n'y occupent que le second rang. Les textes constitutionnels eux-mêmes ne se différencient en aucune manière des textes législatifs ordinaires ; le même principe domine toute la législation anglaise : tout bill peut être abrogé et remplacé par un autre bill.

La Constitution anglaise se ramène donc surtout à une question de précédents. Ce sont ces derniers qui donnent au Parlement les règles les plus nombreuses et les plus importantes sur la formation et le fonctionnement des Chambres. Les pratiques constitutionnelles, sorte de règles de convenances, sans autorité juridique, à proprement parler, mais d'une importance pratique considérable, ont édifié peu à peu le Gouvernement de Cabinet, dont le développement naturel et logique a fait naître le droit de question. L'usage règle également l'ordre des travaux et la discipline. Il joue le rôle principal dans la réglementation de la procédure des questions.

Il ne faut pas cependant complètement négliger une autre source de renseignements : les dispositions réglementaires écrites, qui sont elles-mêmes de deux sortes : les ordres ou règlements permanents (*standings orders*), dont l'autorité se prolonge après la législature qui les a dictés, et les règlements qui ne sont établis que pour la durée d'une législature (*sessional orders*) ; pour ces derniers, le Parlement anglais a adopté le procédé de les remettre en vigueur à chaque renouvellement. C'est en 1854 seulement qu'un règlement sommaire a été fait à la Chambre des Communes ; le droit de question y est prévu. Un autre règlement de 1886 admet surtout l'égalité entre les membres des deux Chambres et proclame le principe de la liberté de parole. Le dernier règlement des Communes est de 1888. Les usages n'en restent pas moins la base véritable pour l'étude du droit de question en Angleterre.

Ce droit a pris spontanément naissance au XVIIIe siècle. Il fut exercé pour la première fois sous le ministre Walpole à la Chambre des pairs, le 9 février 1721. Lord Cowper adressa, ce jour-là, une question au comte de Sunderland. Dès lors, ce droit acquit un développement considérable avec le Gouvernement de Cabinet et la responsabilité ministérielle, mais sans être soumis à une réglementation expresse. Dans la séance du 29 avril 1830, le speaker (président de la Chambre des Communes) déclarait que nul règlement n'interdisait aux membres du Parlement de poser des questions, et que cette habitude, quoique n'étant pas strictement régulière, est cependant fort commode. La coutume des questions a pris, depuis un demi-siècle, une telle extension que la Chambre des Communes a dû chercher à en restreindre le nombre pour éviter de trop grandes pertes de temps ; aussi, a-t-on aujourd'hui soumis l'exercice de ce droit à quelques formalités préliminaires.

Le droit de question a toujours été reconnu aux membres de la Chambre des Lords et à ceux de la Chambre des Communes. En fait, cependant, les questions tiennent une place beaucoup moins considérable à l'ordre du jour de la Chambre haute.

Pas plus qu'en France, les usages et les règlements

n'ont déterminé limitativement les matières qui peuvent faire l'objet des questions. Aussi, tout incident qui, à un titre quelconque, attire l'attention publique, provoque, de la part des membres du Parlement, une demande d'explications ; leur contrôle s'exerce à l'occasion des faits les plus variés, les uns d'une grande importance, les autres d'une futilité excessive. La curiosité des députés anglais a fait, de l'autre côté du détroit, l'objet de critiques acerbes (Sumner-Maine, Palgrave, Bagehot). Dans ses *Essais sur le gouvernement populaire* (1), Sumner-Maine s'exprime, à ce sujet, en ces termes : « Le nombre des interpellations qui s'inspirent, en apparence, de l'intérêt qu'un membre des Communes peut légitimement éprouver pour la politique extérieure ou domestique, est singulièrement minime. Il en est, sans doute, quelques-unes que provoque une innocente curiosité, d'autres une vanité excusable ; mais le nombre n'est pas petit de celles qui ont pour but délibéré de mettre obstacle aux affaires publiques. » Il suffit, d'ailleurs, de se reporter à l'ouvrage de M. de Franqueville, pour y trouver quelques exemples des questions auxquelles les ministres anglais ont eu à répondre (2).

Les usages interdisent aux ministres qui sont mem-

----

(1) Sumner-Maine, *Essais sur le gouvernement populaire*, p. 328-329.

(2) *Le Gouvernement et le Parlement britanniques*, p. 299 à 303, vol. III.

bres de l'une des deux Chambres, de pénétrer dans l'autre Assemblée ; le nombre des questions ne s'en trouve nullement restreint. Ce n'est pas seulement aux membres du Cabinet, en effet, qu'elles sont adressées. A l'encontre des règlements des Chambres françaises, qui interdisent les interpellations de représentant à représentant, les usages du Parlement anglais permettent de poser des questions à des membres qui ont une responsabilité de travail devant l'Assemblée ; on peut demander des explications à ceux qui sont chargés d'un bill ou qui ont donné avis d'une motion, aux membres des commissions royales ou des commissions permanentes, à l'archevêque de Cantorbéry, pair spirituel, comme président de la Convocation, au président du conseil métropolitain des travaux publics, etc., etc. (1).

Un usage, qui a force réglementaire, défend d'adresser à un ministre une question qui ne lui a pas été communiquée avant la séance, en temps utile pour qu'il ait pu se munir de documents ; aussi voit-on les représentants annoncer parfois longtemps à l'avance, qu'à telle date, ils demanderont des explications sur un fait déterminé.

Afin d'éviter les pertes de temps qu'occasionnent des questions trop nombreuses, la Chambre des Communes, par une résolution du 12 mars 1886, a décidé que

(1) *Le Gouvernement et le Parlement britanniques*, p. 304, vol. III.

tout membre qui voudrait poser une question, devrait
en donner avis par écrit, et remettre cet avis au clerk.
Cependant, il est au pouvoir du speaker d'autoriser le
représentant à annoncer sa question de vive voix. Hors
le cas d'urgence, il est d'usage, depuis 1835, d'insérer
à l'avance les questions dans la feuille des votes.

La Chambre des Lords n'a pas adopté une procédure
aussi restrictive. Elle a cependant admis l'usage des
avis préalables, mais sans en faire une obligation absolue. Une résolution du 2 avril 1868 porte seulement
que « il est désirable, lorsqu'on entend faire un exposé,
ou soulever une discussion, au sujet d'une question, de
donner avis de ladite question dans les ordres du jour
et avis ».

La question ne doit contenir « ni argument, ni expression d'une opinion, ni insinuation, ni allusion directe
aux faits de la session courante, ni énoncé de faits autres que ceux qui sont strictement nécessaires pour
comprendre la question ». Le speaker, investi des mêmes attributions que les présidents des Chambres françaises, a le droit de demander que le membre modifie
le texte de sa question, si elle n'est pas rédigée en termes convenables ; on lui reconnaît même le droit d'y
apporter personnellement les modifications nécessaires,
ou même de la supprimer.

Nous reconnaissons, en France, que la fixation du
jour de la discussion est du ressort de l'Assemblée ; en
Angleterre, au contraire, les membres du Parlement

indiquent eux-mêmes le jour où ils désirent poser une question à un ministre. Mais, le moment de la séance est fixé, afin de ne pas interrompre l'ordre du jour : c'est au commencement de chaque séance, dès l'arrivée des ministres, que commence le défilé des questions. La Chambre des Communes, dans le but d'abréger les débats, a décidé, en 1880, que la lecture du texte de la question ne serait même plus nécessaire : il suffit que le membre dont le tour de parole est venu, indique le numéro sous lequel la question est mentionnée dans la feuille des votes.

Après avoir formulé sa question, le membre de l'Assemblée, s'adressant au speaker, indique les faits qui ont motivé son intervention, et demande des explications. Jamais il ne s'adresse directement au ministre ou à un de ses collègues ; il lui est même interdit de les appeler par leur nom ; l'expression qu'il doit employer pour désigner un collègue est toujours la suivante : « l'honorable membre pour telle circonscription ». Seul le speaker ou le chairman (président de comité) a le droit d'appeler un député par son nom, en ces termes : « Monsieur X..., je vous nomme ». Cela équivaut à notre rappel à l'ordre.

Une réponse brève et précise est faite par le ministre ou par le sous-secrétaire d'État, et il l'adresse également au speaker. Il peut donner les explications qui lui sont réclamées ; mais, il a encore le droit de refuser toute réponse, en arguant des exigences de l'intérêt public. Ce droit des ministres de refuser de répondre à une question, est considéré, en Angleterre, comme un droit absolu ; et, surtout en ce qui concerne la politique extérieure, on reconnaît que le Gouvernement est, par là, seul juge du jour où le débat doit s'engager. Nous en trouvons un exemple frappant en 1864 ; lors de la guerre de l'Autriche et de la Prusse contre le Danemark, lord Palmerston put, pendant quatre mois, refuser de donner les moindres explications sur les vues du Gouvernement, malgré toutes les tentatives de l'opposition et la pression de l'opinion publique très favorable aux Danois. Ce n'est qu'à la fin de la guerre qu'il consentit à s'expliquer, et la Chambre nu'et plus alors à discuter que des faits accomplis. Elle approuva, d'ailleurs, la politique d'abstention suivie par le premier ministre. M. Cucheval-Clarigny, qui rapporte cet exemple (1), le fait suivre de réflexions fort justes, qui montrent la différence des mœurs parlementaires des deux côtés de la Manche : « Une Chambre française » dit-il, « n'aurait jamais consenti à remettre de mois en mois, pendant toute une session, un débat de cette importance : elle aurait envisagé les refus du Gouvernement comme autant d'atteintes à ses propres prérogatives ; et, elle aurait considéré comme une dérision de la part du ministère de n'accepter une discussion qu'après que tout était consommé. »

(1) *Des institutions représentatives et des garanties de la liberté,* p. 118.

Quant à la physionomie qu'offre le débat lui-même à la Chambre des Communes, nous ne saurions mieux en rendre compte qu'en nous référant à l'exposé de Bagehot (1). Il convient, toutefois, de faire la part de l'exagération dans cet exposé : « Les membres du Parlement, qui, dans des sens opposés, veulent influencer le ministère, se hâtent de saisir l'occasion : les voilà qui font des discours, réclament la production de documents, et entassent des monceaux de statistique. Ils déclarent que dans aucun autre pays, on ne permettrait de suivre une ligne politique telle que la suit le département politique en question, que c'est de la politique surannée, qu'elle coûte beaucoup d'argent, que l'Amérique agit tout autrement, que la Prusse fait tout le contraire. Rien d'égal à l'embarras du ministère qu'on attaque, s'il n'a dans le sein du Parlement un défenseur officiel..... On tombe sur le ministère du jour ; c'est lui qui est à la tête de l'administration ; c'est à lui de relever les erreurs, s'il y en a. Le chef de l'opposition s'exprime de cette manière : « Je m'adresse au très honorable lord de la Trésorerie : il connaît les affaires. Sans doute, je ne partage pas ses vues politiques, mais il est à peu près maître absolu de ses déterminations et de sa conduite. Il a le pouvoir de faire tout ce qu'il lui plaît. Eh bien, je fais appel à son bon sens, je lui demande si l'on doit tolérer dans un service public des erreurs si gratuites et une

____

(1) *La Constitution anglaise*, p. 264 et s.

incapacité si notoire ? Peut-être le très honorable ministre m'accordera-t-il son attention, quand, en m'ap-
puyant sur les documents officiels de ce département,
je montrerai etc. etc.

« Que doit faire le ministre ? Il n'a jamais entendu parler de l'affaire et il ne s'en soucie point. Plusieurs amis
du ministère font de l'opposition au département qui est
mis en cause ; un homme sérieux, dont la sagesse ins-
pire de la confiance, murmure tout bas : « Vraiment,
c'est trop fort ! » Le secrétaire du Trésor, de son côté,
exprime son opinion : « La Chambre, dit-il, est inquiète.
Plusieurs membres vacillent. A déclarait hier que, depuis quatre séances, il était dégoûté. Je ne suis pas loin
de croire que le département attaqué a eu quelques torts,
Peut-être qu'une enquête, etc., etc. Là-dessus, le premier ministre se lève et dit que le Gouvernement de Sa
Majesté, après avoir sérieusement étudié cette affaire
importante, ne croit pas être à même d'affirmer que,
dans une matière aussi compliquée, le département a su
éviter toutes les erreurs. Qu'il n'accepte pas néanmoins
toutes les critiques qu'on a faites, et dont quelques-unes
sont évidemment contradictoires. S'il est prouvé que...,
il est toutefois certain que... Cependant, en une matière
si complexe, et avec laquelle on est si peu familiarisé,
le Gouvernement ne donnera pas son avis. Dans le cas
où l'honorable membre voudrait soumettre la question
à un comité de la Chambre, le Gouvernement y consentirait volontiers. »

En principe, aucune réplique n'est autorisée après la réponse du ministre ; mais c'est là une règle qui est souvent transgressée. L'usage interdisant d'entamer une discussion sans avoir, au préalable, soumis une motion à l'Assemblée, l'auteur de la question déclare qu'il terminera ses observations en demandant l'ajournement de la Chambre. Cette limitation du droit de réplique est moins rigoureuse à la Chambre des Lords ; le nombre des questions y étant beaucoup plus restreint qu'à la Chambre des Communes, permet de leur donner des développements plus étendus.

Sur les explications du ministre, aucune discussion n'est donc possible ; aucun ordre du jour ne vient sanctionner la question. Aussi, lorsqu'une Assemblée veut provoquer un débat général, pour manifester ensuite son opinion par le vote d'un ordre du jour, elle doit recourir à des moyens détournés. La transformation d'une question en interpellation, avec les crises soudaines qu'elle est de nature à provoquer, ne peut avoir lieu sur le champ, à raison du principe déjà signalé plus haut, que nul débat n'est possible sans une motion ou une résolution préalable, et ne peut être entamé si un membre y fait opposition. Si le représentant n'est pas satisfait des explications ministérielles, il annonce qu'à telle date, il renouvellera sa question et provoquera l'expression du sentiment de la Chambre. Il est alors possible d'aboutir au vote d'une résolution. A la séance du 16 mars 1896, à la suite d'une question sur les affaires

d'Egypte, le leader de l'opposition réclama un débat général. M. Labouchère proposa alors l'ajournement de
la Chambre « dans le but de discuter un projet défini
d'un intérêt public urgent ». La discussion sommaire
de cette motion servit, en réalité, à exposer la question
politique. La majorité rejeta ensuite la résolution proposée.

On reconnaît d'ailleurs, en Angleterre, que le Parlement a le droit, non seulement de renvoyer, comme en
France, les interpellations, — et aucune disposition ne
limite ce renvoi —, mais encore de voter immédiatement
sur la motion, soit la question préalable, soit l'ordre du
jour pur et simple.

La Chambre des Communes peut encore, pour émettre son opinion sur un point de l'administration, profiter de la discussion du budget, et, en fait, elle en use
beaucoup. Lorsqu'elle veut provoquer la démission du
Cabinet, elle vote parfois directement une motion de
blâme. Un exemple démontrera en même temps la liberté de parole des ministres interrogés, et les conséquences que peut avoir une question quant à l'existence
même du ministère : le 16 février 1858, M. Darby Grif-
fith adressa à Lord Palmerston des questions sur les
relations politiques qui existaient alors entre la France
et l'Angleterre. Lord Palmerston lui répliqua que ces
questions « n'avaient pas le sens commun ». Quelques
jours après, c'était sur la même question que le ministère était renversé, à la suite de l'attentat d'Orsini, et

des passions qu'il souleva en Angleterre comme en France (1).

Le Parlement anglais a, de plus, le droit de répondre chaque année, par une Adresse, au discours du trône; il peut en profiter pour y insérer une déclaration de blâme à l'encontre des ministres.

Le nombre des questions adressées chaque année aux ministres anglais est considérable. La moyenne, à la Chambre des Communes, est de 20 à 40 par séance. Sir Robert Peel, désireux de savoir combien de questions lui avaient été posées dans une seule séance, en fit dresser la liste : elles concernaient cinquante sujets différents (2). La rapidité avec laquelle sont formulées la question et la réplique compense les inconvénients qui pourraient résulter d'un tel encombrement de l'ordre du jour.

Les règles qui président aux débats de la Chambre des Communes anglaise ont servi de modèle à la Chambre canadienne. Là aussi, les représentants peuvent interroger le Gouvernement. Comme en Angleterre, les questions peuvent être adressées, non seulement aux ministres, mais encore aux membres de la Chambre, à raison des travaux d'ordre extérieur dont ils sont chargés.

(1) R. Palgrave, *La Chambre des Communes*, p. 18-19.
(2) Bagehot, *La Constitution anglaise*, p. 262.

II. — Républiques américaines.

a) *États-Unis*.

La Constitution des États-Unis nous offre l'exemple
d'une république présidentielle, avec la séparation absolue des trois pouvoirs législatif, exécutif et judiciaire.
Les ministres, nommés par le Président de la République, sans l'intervention directe ni indirecte du pouvoir
législatif, pour remplir les fonctions exécutives comme
ses secrétaires et ses conseillers, dépendent uniquement du chef du pouvoir exécutif, et n'ont pas besoin
de compter avec l'adhésion des Chambres pour s'acquit-
ter de leurs devoirs. Pas plus que le Président lui-même,
ils n'ont le droit d'entrer dans le Congrès ; il ne saurait
être question de leur responsabilité devant le Parlement.

Il peut donc sembler inutile de parler ici des moyens
de contrôle du pouvoir législatif sur le pouvoir exécutif.
Cependant, les usages autorisent les Chambres nord-
américaines à demander des renseignements aux ministres ; mais il ne faut voir là ni interpellations ni questions telles que nous les avons trouvées en France. Les
demandes de renseignements ne constituent pas, en
effet, l'œuvre personnelle d'un représentant ; elles émanent du corps délibérant tout entier.

D'après la règle 24 du règlement de la Chambre, un
membre qui veut avoir des explications de la part de

l'un des chefs des départements exécutifs, doit obtenir l'approbation préalable de l'Assemblée. Une séance seulement par semaine est spécialement réservée aux motions de ce genre. Si la motion est appuyée, elle est, d'après les règlements, mise par écrit sur la demande d'un membre, puis, déposée sur le bureau et lue par le président avant d'être débattue. Si la Chambre y consent, ces questions sont renvoyées à l'un des comités spéciaux. Le comité transmet la question au ministre compétent, et, dans la semaine suivante, en fait l'objet d'un rapport qu'il adresse à l'Assemblée. Le ministre se rend parfois dans le sein du comité pour transmettre sa réponse ; ou bien il la lui communique par écrit. Il peut même, s'il le préfère, l'adresser directement au président de la Chambre.

Mais, la réponse une fois transmise à l'Assemblée n'est suivie d'aucune sanction. Les ministres, ne pouvant être l'objet de votes de blâme, conservent leurs charges tant qu'ils méritent la confiance du Président de la République. Les motions de censure à l'encontre des ministres, à la suite d'interpellations, n'auraient pour effet, dans le gouvernement présidentiel, que de créer des conflits sans solution possible entre les Chambres et le Gouvernement, et de maintenir entre ces deux pouvoirs un désaccord funeste au pays.

b) *Républiques sud-américaines.*

Les républiques sud-américaines (à l'exception de la

République du Brésil, qui est soumise au régime parlementaire) ont pris pour modèle de leurs constitutions
celle des États-Unis. Seulement, on y trouve le droit pour
les Chambres de faire venir devant elles les ministres
« dans le but spécial de leur adresser des questions et
de recevoir d'eux les informations qu'ils jugent convenables » (Constitution de l'Uruguay, art. 53). Ces expressions ne sauraient autoriser les Assemblées à examiner
la conduite des ministres pour l'approuver ou la censu-
rer, mais seulement à obtenir d'eux les explications
nécessaires pour éclairer les membres du pouvoir législatif. En fait, la plupart des Assemblées de ces États
contredisent ouvertement les principes constitutionnels : elles pratiquent les interpellations, dans le but
de critiquer les actes des ministres, et d'émettre contre
eux des votes de censure. Ce qui ne saurait, nous venons
de le voir, donner de bons résultats sous le régime présidentiel (1).

III. — Suisse.

Nous trouvons en Suisse, comme dans les républiques américaines, un exemple du régime simplement
représentatif avec la séparation absolue des pouvoirs.
Le pouvoir législatif, dans cet État, appartient à deux
Assemblées : le Conseil national, qui émane de l'élection populaire, et le Conseil des États, dont les mem-

______

(1) De Arechaga, *El poder legislativo*, 2e vol.

bres sont élus à raison de deux par canton. La réunion de ces deux Conseils forme l'Assemblée fédérale, qui, tous les trois ans, élit le pouvoir exécutif, ou Conseil fédéral. Il ne saurait donc être question de permettre au pouvoir législatif d'amener, par un vote de censure, le Conseil fédéral à se retirer : nommé pour un temps déterminé d'avance, il ne peut être destitué de ses fonctions avant l'expiration du délai de trois années. La Constitution suisse ignore, en effet, la responsabilité politique des ministres ; la seule sanction du droit de contrôle de l'Assemblée fédérale consiste dans le droit de mettre les membres du Conseil fédéral en accusation ; elle n'a, d'ailleurs, encore jamais eu l'occasion d'y recourir.

Aussi, il ne faut pas se méprendre sur le sens du mot interpellations, que l'on rencontre dans les règlements des deux Conseils. Le contrôle législatif s'exerce, en réalité, à l'aide de simples questions. Les interpellations proprement dites se font en déposant des motions, qui sont soumises à la même procédure que les propositions de lois ordinaires.

Tout membre du Conseil national ou du Conseil des États a le droit d'interroger les ministres sur les actes de l'administration fédérale qui concernent leurs départements respectifs. Mais, à la différence de ce que nous avons vu en France, il faut que la question, pour avoir une suite, soit appuyée par dix membres du Conseil national ; au Conseil des États, chaque député peut demander des explications : il lui suffit de faire connaître par écrit au président son intention, et l'objet sur lequel les interpellations doivent porter. Le président en donne connaissance à l'Assemblée, qui statue sur la question de mise à l'ordre du jour (Art. 68 et 60 des règlements).

Le Conseil fédéral peut répondre immédiatement à l'interpellation, ou en demander le renvoi à l'une des plus prochaines séances (loi de 1849, art. 15). Le débat est circonscrit entre l'interpellant et le chef du département exécutif ; lorsque ce dernier a répondu, l'auteur de l'interpellation a seulement le droit de déclarer qu'il est ou n'est pas satisfait de la réponse. Il lui est interdit de rouvrir la discussion ; il ne saurait, non plus, déposer un ordre du jour.

IV. — Empire d'Allemagne.

a) *L'Empire.*

La responsabilité politique des ministres, qui se traduit par la perte du portefeuille, n'existe pas dans l'Empire allemand ; on pourra s'en convaincre en se reportant à une lettre de Guillaume Ier du 4 janvier 1882. La Constitution d'avril 1871, après avoir proclamé le principe de l'irresponsabilité de l'Empereur, déclare le chancelier seul responsable devant les autorités impériales : le Bundesrath et le Reichstag ; mais, c'est là une responsabilité dépourvue, en fait, de toute sanction. Le chancelier constitue à lui seul tout le ministère, les autres ministres n'étant que des chefs de service, de simples fonctionnaires, qui ne doivent compte de leurs actes qu'à l'Empereur et à lui.

Aucun article de la Constitution ne mentionne le droit d'interpellation ; il n'est consacré que par le règlement du Reichstag. A la différence de ce que nous avons vu en Angleterre, et même en France, nous ne l'y trouvons mis en œuvre que dans des circonstances importantes. L'interpellation est alors très souvent l'œuvre d'un parti tout entier qui s'en sert pour exprimer ses vœux et ses doléances. On sait, en effet, combien l'organisation des partis est forte dans l'Empire allemand ; ces partis constituent des groupes fermés, avec un programme défini et des pouvoirs déterminés. Chacun d'eux a son règlement particulier qui fixe l'ordre de ses travaux ; plusieurs de ces règlements exigent l'approbation préalable du parti, pour que l'un de ses membres puisse présenter une interpellation ; d'autres imposent seulement sa communication au président du groupe.

La procédure des interpellations est déterminée par les articles 30 à 31 *bis* du règlement. La demande d'interpellation est adressée au Bundesrath (Conseil fédéral) ; le chancelier peut ainsi parer le coup plus facilement. En la forme, elle doit être rédigée par écrit et conçue en termes précis. Sa recevabilité est encore subordonnée à une autre condition : il faut qu'elle soit

signée par trente membres de l'Assemblée. La demande
ainsi écrite et signée, est déposée entre les mains du
président du Reichstag ; celui-ci la transmet au chancelier de l'Empire, président du Conseil fédéral, et lui
demande de déclarer, à la prochaine séance, s'il est
décidé à répondre, et, en cas d'affirmative, à quel moment il entend le faire.

Si l'interpellation est acceptée, son auteur est cité au
jour fixé par le chancelier, pour la développer. Son exposé terminé, la parole est accordée au chancelier. Enfin, après la réponse de ce dernier, ou sur son refus de
répondre, et dans le cas où cinquante députés au moins
le demandent, il doit y avoir aussitôt une conférence
(Besprechnung), délibération qui n'a aucun caractère
officiel. Elle est consacrée à une explication sur l'objet
des interpellations, et n'a d'autre but que d'éclairer la
situation. Il est interdit, pendant ce développement, de
poser aucune question ; mais, tout membre de l'Assemblée peut, par la suite, présenter un ordre du jour motivé ; et il a encore le droit d'en reprendre le sujet sous
la forme d'une proposition de loi.

Enfin, il est permis aux députés, au cours d'une discussion quelconque, de poser au Gouvernement des
questions relatives à l'objet du débat. Ce droit s'exerce
surtout à l'occasion du vote du budget ; une foule de questions sont alors adressées à la fois au chancelier et aux
secrétaires d'État.

En fait, le droit d'interpellation constitue, dans l'Empire allemand, un véritable leurre ; si, dans la plupart des États constitutionnels, les ministres peuvent refuser de répondre aux interpellations dont ils sont l'objet, ils entourent ce refus de précautions oratoires afin de ne pas provoquer les colères parlementaires. Il en est autrement en Allemagne ; ce n'est pas M. de Bismarck qui aurait su avoir de tels ménagements. Il n'est même pas rare de voir le chancelier et les secrétaires d'État, pour se dispenser d'avoir à répondre, abandonner la salle des séances, à l'instant même où on leur adresse une question. Ils ne sauraient, en effet, y attacher une importance quelconque, n'étant pas à la merci d'un vote de censure. Nous empruntons un exemple à M. L. Dupriez : Le Gouvernement allemand expulsa, en 1886, des provinces de l'Est, les Polonais, sujets russes ou autrichiens, qui y étaient établis depuis longtemps. La Constitution de l'Empire mentionnant la police des étrangers parmi les matières fédérales, un député polonais demanda à interpeller le chancelier. Celui-ci refusa de répondre, déclarant que la Prusse, de laquelle dépendaient les provinces, avait le droit de se gouverner à sa guise. Le Reichstag discuta néanmoins l'interpellation, et un ordre du jour de M. Windthorst déclara « que les expulsions ne paraissaient pas justifiées et n'étaient pas conformes aux intérêts naturels de l'Empire ». Le chancelier et les ministres s'abstinrent d'assister à la séance. Et, quelques jours après, le chancelier déclara au Landtag prussien, que c'était là une mesure politique que le Gouvernement maintiendrait énergiquement, et que vingt votes du Reichstag n'y changeraient rien (1).

Le droit d'interpeller les ministres se retrouve dans les monarchies constitutionnelles qui composent l'Empire allemand ; il n'y saurait, d'ailleurs, produire des conséquences plus importantes, en l'absence d'un régime parlementaire véritable. Il y est entouré, comme dans l'Empire même, de formalités qui, en restreignant considérablement le nombre des interpellations, en diminuent aussi notablement les résultats.

Nous nous bornerons à l'étudier dans deux États qui jouissent d'une situation spéciale : le royaume de Prusse et le royaume de Bavière. Nous dirons quelques mots seulement du grand-duché de Bade et de la ville libre de Hambourg.

b) Prusse.

La Constitution prussienne nous parle de la responsabilité des ministres en des termes analogues à ceux des Constitutions qui organisent le gouvernement parlementaire : article 14 : « Tous les actes du Roi doivent, pour être valables, être contresignés par un ministre, qui, par là même, en assume la responsabilité. » Mais, en y regardant de près, et en combinant cet article avec ceux qui déterminent les pouvoirs du Roi, on s'aperçoit

(1) L. Dupriez, Les ministres dans les principaux États d'Europe et d'Amérique, 1er vol., p. 544-55.

qu'il s'agit là, non d'une responsabilité politique, mais bien d'une responsabilité judiciaire. Encore, beaucoup de commentateurs soutiennent-ils que cet article, qui n'a jamais été mis en pratique, est abrogé.

Le droit d'interpellation est néanmoins reconnu à chacun des membres de la Chambre des députés et de la Chambre des seigneurs ; ils peuvent en user à l'encontre du ministère prussien et du chancelier de l'Empire. Ce dernier, en effet, est à la fois ministre impérial et fonctionnaire prussien. Seulement, sa responsabilité n'est pas plus effective devant les Chambres prussiennes que devant le Reichstag allemand. Aucune règle n'oblige les ministres à répondre aux demandes d'explications qui leur sont adressées. On retrouve ici le même mépris de toutes convenances dont M. de Bismarck a donné de si nombreux exemples. A la séance du 18 février 1863, à la suite d'une interpellation de MM. Schultze et Carlowitz, qu'appuyaient 175 membres de la Chambre, et ainsi conçue : « Le Gouvernement du Roi s'est-il engagé, par un traité, à prêter son aide au Gouvernement polonais, et si ce traité a été réellement conclu, quelle en est la teneur ? », il déclarait déjà, sans invoquer même un prétexte, sans alléguer un motif, qu'il ne répondrait pas (1).

Les députés auxquels une réponse a été refusée, ont la ressource, s'ils veulent néanmoins obtenir des expli-

____

(1) A. Pey, *L'Allemagne d'aujourd'hui,* p. 36.

cations, de déposer un projet de résolution. Le but de ces résolutions peut être, soit d'adresser directement au Gouvernement la question qui a été déclinée par le ministre, soit de manifester le vœu que la conduite d'une affaire déterminée ait lieu de telle ou telle façon, et même encore d'exprimer un regret ou un blâme à l'encontre de la politique suivie. Ces votes de censure n'ont, d'ailleurs, aucun résultat pratique, à raison de l'indépendance du pouvoir exécutif à l'égard des Chambres. Ce défaut d'efficacité rend les interpellations proprement dites très rares au Landtag.

Ces résolutions, une fois votées, sont transmises au ministre compétent, et celui-ci doit répondre en soumettant aux Chambres, dès l'ouverture de la session suivante, un rapport écrit. C'est là un usage qui a force de loi, et qui ne saurait être méconnu sans provoquer les plus vives protestations de la part des Assemblées. A deux reprises, en 1873 et en 1877, le ministère prussien a tenté de s'y soustraire ; mais, à la suite de réclamations de la Chambre des députés, il dut s'y conformer (1).

Le rapport ministériel est imprimé et distribué aux membres de l'Assemblée ; et ceux-ci, dans les quarante jours, ont le droit de présenter, à ce sujet, des observations écrites au président ; ils y constatent, s'il y a lieu, qu'aucune réponse n'a été faite à certaines ques-

____

1) Von Rœnne, vol. 1, p. 297, note 2.

tions, et que d'autres n'ont fait l'objet que de réponses insuffisantes. Puis, ces observations, après avoir été communiquées par le président au ministre d'État, font l'objet d'une discussion générale de la Chambre ; mais un ordre du jour ne peut en être le résultat. Il faudrait, si l'on voulait aboutir au vote d'une motion quelconque, qu'un membre dépose une nouvelle demande d'interpellation, à la suite de laquelle il y aurait un débat et un vote.

Dans les faits, les questions sont posées aux ministres surtout à l'occasion de la discussion du budget ; elles émanent, soit des membres de la commission du budget, soit des rapporteurs.

Adressées par écrit, elles font l'objet de réponses écrites : questions et réponses sont alors imprimées et distribuées aux députés.

c) *Bavière.*

L'acte constitutionnel qui régit la monarchie bavaroise remonte au 19 mai 1818 ; les articles 5 à 12 ont fait l'objet de modifications ultérieures par la loi du 25 juillet 1850. Cette loi, dans son titre III, D, rapports des Chambres avec le Gouvernement et entre elles, semble consacrer les principes du régime parlementaire ; elle dit, article 33 : « Les Chambres, aussi bien que les comités ont la faculté, dans les limites de leur sphère d'attributions, de demander aux ministres compétents les explications et les renseignements qu'ils considèrent comme nécessaires, et ces derniers doivent condescendre aux désirs exprimés. » La portée de cet article se trouve bien restreinte, dans la réalité, et les interpellations n'ont pas, en Bavière, une sanction plus efficace qu'en Prusse.

Les membres des deux Assemblées ont le droit d'interpellation. La procédure en est réglée par le titre III de la loi du 25 juillet 1850, articles 18 à 21. Nous nous bornerons à reproduire ces articles, en observant leur caractère restrictif : A) Séances des Chambres.

Art. 18. — « Les interpellations des membres au Gouvernement doivent être remises par écrit et brièvement motivées au Président, qui les transmettra aussitôt au ministre qu'elles concernent.

Art. 19. — Dans la séance suivante, ou, au plus tard, dans la seconde séance, l'interpellation remise, et qu'on doit motiver ultérieurement, sera lue par le membre interpellant, et aussitôt après, on demandera si elle est appuyée.

Art. 20. — Si l'interpellation est appuyée, le ministre doit y répondre aussitôt, ou fixer le jour où il pourra y répondre, ou indiquer les raisons pour lesquelles il ne pourra y répondre.

Art. 21. — Il ne pourra y avoir de débats ultérieurs sur l'interpellation, après la réponse faite.

Si le membre qui a fait l'interpellation n'est pas satisfait de la réponse, il est libre de faire une proposition formelle, qui suivra l'ordre fixé par le règlement. »

Ainsi donc, comme dans le royaume de Prusse, les interpellations offrent, en Bavière, les caractères de simples questions dépourvues de tout résultat pratique; le député qui veut provoquer l'expression du sentiment de l'Assemblée doit s'astreindre aux lenteurs ordinaires de la procédure des propositions de loi.

d) Grand-Duché de Bade ; Hambourg.

Le même esprit restrictif du contrôle des Chambres anime la charte constitutionnelle du Grand-Duché de Bade (22 août 1818). Elle déclare, dans son article 67, que : « Les Chambres ont le droit de faire des représentations et des réclamations. Elles ont le droit de signaler les abus de l'administration, d'accuser les ministres et les autorités supérieures, pour violation de l'acte constitutionnel et des droits reconnus par lui. Et article 76 : « Les ministres, les membres du ministère d'État et les commissaires du grand-duc ont, dans tous les temps, leur entrée dans les Chambres, et doivent être entendus lorsqu'ils le désirent. »

Enfin, l'article 65 de la Constitution révisée de Hambourg, du 13 octobre 1879, admet que la seconde Chambre ou Bourgeoisie a le droit d'adresser au Sénat des interpellations sur les affaires publiques.

V. — Autriche-Hongrie.

Le droit d'interpellation est reconnu en termes exprès

aux deux Chambres de la monarchie autrichienne, par
l'article 21 de la loi du 21 décembre 1867 sur la représentation de l'Empire. Cet article est ainsi conçu :
« Chacune des deux Chambres du Reichsrath a le droit
d'interpeller les ministres sur tous les objets qui ren-
trent dans ses attributions, de soumettre à son contrôle
les actes du Gouvernement, de demander aux ministres
des éclaircissements sur les pétitions présentées, de
nommer des commissions auxquelles les ministres de-
vront fournir toutes les informations nécessaires, et de
formuler ses appréciations sous forme d'adresse ou de
résolution. »

Mais, les règlements de la Chambre des seigneurs et
de la Chambre des députés ne constatent pas la distinction des questions et des interpellations ; ils les comprennent sous la dénomination générique d'*Interpella-
tionen*.

Les questions proprement dites peuvent être adressées par un membre quelconque, à tout instant, soit au
président de la Chambre, soit même aux présidents des
bureaux ou des commissions. En la forme, elles ne sont
astreintes à aucune règle spéciale ; elles doivent seulement ne pas interrompre une délibération commencée.

Quant aux interpellations dans le sens français du
mot, elles ne peuvent être adressées qu'aux ministres (loi
de 1867). Par suite de l'organisation des partis, aussi
forte que dans l'Empire allemand, une demande d'interpellation ne saurait être déposée par un membre sans

avoir été autorisée par le bureau (club) du parti auquel il se rattache. Elle doit être remise au président de la Chambre ; et elle ne vient en discussion que si elle est appuyée : les règlements exigent qu'elle soit accompagnée de dix signatures au moins à la Chambre des seigneurs, de quinze à la Chambre des députés.

Le président communique la demande au ministre compétent, et en donne lecture à l'Assemblée en séance publique. Trois partis s'offrent alors au choix du ministre : il peut répondre immédiatement, ou renvoyer sa réponse à une séance ultérieure ; ou enfin refuser de répondre. Mais, à la différence de ce que nous avons constaté dans l'Empire allemand, il doit motiver son refus (art. 12).

Lorsque le ministre s'est arrêté à l'un de ces partis, la Chambre décide, sans débat, soit au cours de la même séance, soit au plus tard à la séance suivante, s'il y a lieu de tenir une conférence, et fixe le moment où celle-ci sera organisée. Ces conférences sont analogues à celles qui ont lieu au sein du Reichstag allemand : il ne saurait être déposé, au cours de la discussion qui s'y produit, une résolution quelconque ; mais, après sa clôture, chacun des membres peut exprimer son opinion sous la forme d'une motion qui est soumise à l'Assemblée comme toute autre proposition de loi.

Le droit d'interpellation est reconnu aux Chambres hongroises avec la même portée et les mêmes conséquences. Dans l'une et l'autre partie de l'Empire, lorsqu'une interpellation est suivie d'une motion de censure, l'application du régime parlementaire a pour résultat la chute du ministère (1).

La responsabilité du ministère commun peut également être mise en jeu par les membres de la Délégation austro-hongroise. La loi fondamentale commune à tous les pays de l'Autriche-Hongrie, promulguée en 1867, s'exprime, à cet égard, dans les termes suivants : Art. 28 : « Les membres du ministère commun sont autorisés à prendre part à toutes les délibérations des Délégations, et à faire leurs propositions en personne ou par l'organe d'un délégué. Ils doivent être entendus toutes les fois qu'ils le demandent. La Délégation a le droit d'adresser des interpellations au ministère commun ou à l'un de ses membres, de réclamer des réponses et des éclaircissements, de nommer des commissions d'enquête auxquelles les ministres doivent fournir les informations nécessaires. »

VI. — Italie.

Le Statut du royaume d'Italie, pas plus que la Constitution française, ne consacre en termes formels le droit d'interpellation : mais, ce droit résulte tout à la fois du principe de la responsabilité ministérielle inscrit dans l'article 67, alinéa 1, et de l'article 66, ali-

---

(1) Voir pour la procédure des interpellations en Hongrie : Dickinson, *Rules and procedures of foreign Parliaments* (Londres, 1882), p. 217.

néa 2, qui accorde aux membres du Cabinet le droit d'entrée dans les Chambres. Le député Boncompagni l'a déclaré expressément dans son rapport sur le règlement de la Chambre des députés : « Le Parlement ne participe pas seulement à l'exercice de la souveraineté en tant qu'il délibère sur les lois, ou introduit des propositions de lois au moment qui lui semble opportun ; il importe également de constater le droit qui lui appartient, de demander compte aux ministres de la Couronne, de la direction de la politique et de tous les actes qu'ils n'ont pas accomplis conformément à la justice. De là, le droit d'interpellation, qui a sa raison d'être dans la responsabilité ministérielle. »

Le droit d'interpellation ne fut tout d'abord l'objet d'aucune réglementation de la part des Chambres italiennes ; mais cela ne l'empêcha nullement d'être fréquemment exercé. Le règlement provisoire de 1848 resta muet à son égard ; on suivit pendant un certain temps la même procédure que pour les propositions de lois. Toutefois, en présence des inconvénients que présentait cette manière de faire, l'usage vint peu à peu modifier les premiers principes, et les règlements ultérieurs imposèrent de nouvelles formes. Le règlement de la Chambre des députés de 1888, modifié récemment sur certains points, et celui du Sénat de 1883, constituent, avec les précédents, les sources auxquelles on doit actuellement recourir pour connaître la procédure des interpellations.

La distinction des questions (interrogazioni) et des interpellations (interpellanze) est très nettement faite dans les règlements et dans les usages parlementaires. Nous étudierons donc séparément les interpellations et les questions, remarquant toutefois que l'on ne retrouve pas, au delà des Alpes, la simplicité et surtout la brièveté que revêtent les questions au Parlement anglais; c'est là un trait distinctif dont on doit voir la cause dans les caractères si différents des peuples anglais et italien.

1° *Interpellations.* — Les membres du Sénat, aussi bien que ceux de la Chambre des députés, ont le droit d'adresser des interpellations aux ministres. Les dispositions réglementaires ne limitent, pas plus qu'en France, les matières qui peuvent en faire l'objet : des explications peuvent être demandées, aussi bien sur les actes de l'administration, que sur la direction imprimée par le Cabinet à la politique générale. On admet toutefois, en Italie, une distinction entre les interpellations relatives à l'administration et les interpellations relatives à la politique. Les premières visent les actes déjà accomplis par le ministère et non ceux qui sont encore à accomplir (2 mai 1872) ; les secondes, au contraire, ont pour objectif la connaissance des intentions du Gouvernement.

Les interpellations s'adressent exclusivement aux ministres et aux sous-secrétaires d'État.

Leur procédure est des plus compliquées. Le membre qui veut user de son droit de contrôle, rédige sa demande par écrit, sans la motiver, et la remet au président de l'Assemblée. Aucun moment n'est assigné aux députés pour déposer leurs demandes d'interpellation ; un usage constant les autorise même à les remettre au président dans l'intervalle des sessions.

Il n'est pas nécessaire que ces demandes soient revêtues de plusieurs signatures ; on admet sans difficulté que le droit d'interpellation est individuel ; ce principe a été plusieurs fois proclamé, notamment par M. Bianchieri, président de la Chambre des députés, à la séance du 1er mai 1875. En fait, afin de donner plus de poids à une interpellation, la demande est accompagnée de nombreuses signatures : telle une interpellation Lucca sur la crise agricole, présentée le 14 décembre 1884, et qui était signée de 136 députés. Dans la même séance, le président donne lecture de la demande ; le moment de cette communication est laissé à son choix : il évite seulement d'interrompre une discussion entamée.

Le ministre mis en cause doit alors faire connaître s'il est ou non dans ses intentions de répondre. Le règlement du Sénat ne lui assigne pour cela aucun terme ; le règlement de la Chambre des députés, au contraire, déclare qu'il doit en avertir l'Assemblée, soit à la même séance, soit à la séance suivante. C'est là une obligation à laquelle les ministres négligent souvent de satisfaire, surtout depuis quelques années ;

aussi, des réclamations sans nombre sont-elles adressées, à ce sujet, au président de la Chambre. Celui-ci,
dans les séances du 2 et du 13 juin 1890, déclara que
son devoir était surtout de donner à la Chambre et au
Gouvernement une communication exacte des demandes de questions et d'interpellations, et il ajouta :
« Mais, une fois que je les ai communiquées, le Gouvernement sait que le règlement lui impose de faire
connaître dans les vingt-quatre heures s'il les accepte
ou non. Si le Gouvernement méconnaît le règlement,
tout député a le droit de le rappeler à son observation. »
Le député Brunialti répliqua alors que ces paroles ne le
satisfaisaient nullement, et qu'en vertu de l'article 14,
c'était au président lui-même à faire observer le règlement.

Le ministre peut refuser de répondre, mais seulement s'il a, pour cela, des raisons graves. La Chambre,
dans ce cas, décide du sort de l'interpellation et fixe,
s'il y a lieu, le jour où elle sera développée. Le Sénat
statue sans discussion ; la Chambre des députés ne statue qu'après avoir entendu les observations de l'interpellateur et du Gouvernement.

Le ministre a le droit de demander la discussion immédiate. S'il se borne à accepter l'interpellation, sans
indiquer un jour, elle est développée le premier lundi
qui suit la demande, d'après les dernières modifications
apportées au règlement de la Chambre. Ce n'est pas
d'aujourd'hui que l'on a proposé, aux Chambres ita-

liennes, d'assigner un jour déterminé chaque semaine
au développement des interpellations. Dès le 12 juillet
1862, le Sénat repoussa une résolution de ce genre,
comme portant atteinte aux droits de ses membres.
Cependant, le 30 juin 1862, la Chambre des députés,
sur la proposition du député Minghetti, avait adopté le
régime hebdomadaire. En novembre 1885, elle consentit, de même, à ce que toutes les questions et interpellations vinssent seulement le samedi. Le dernier règlement, laissant de côté les questions, a substitué, pour
les interpellations, le lundi au samedi. Nous verrons
plus tard que ce régime de limitation n'est pas sans
inconvénients.

Enfin, il est possible que le Gouvernement propose le
renvoi de la discussion à une date ultérieure : la Chambre statue alors sur la date demandée par le ministre
et, si elle ne l'adopte pas, l'interpellant est admis à
indiquer le jour qu'il préfère. Le règlement du Sénat
autorise formellement l'ajournement à une époque indéterminée, et les précédents de la Chambre des députés
sont dans le même sens. On ne saurait, néanmoins,
opposer l'ordre du jour pur et simple aux propositions
relatives à la fixation du jour : ce serait aboutir, en fait,
à un ajournement indéfini (23 avril 1881). Et cependant, la jurisprudence des Chambres permet de repousser les propositions dont il s'agit ou d'ajourner les interpellations à six mois, ce qui conduit au même résultat.

Les Chambres sont même libres de renvoyer à une date ultérieure la fixation du jour ; ainsi, à la séance du 31 mai 1876, la Chambre des députés se réserva de statuer sur le développement des interpellations relatives aux tarifs des douanes, jusqu'à ce que le Parlement français ait terminé la discussion du traité de commerce entre la France et l'Italie.

Les interpellations et les questions étaient souvent, avant 1888, l'objet d'un renvoi à la discussion du budget : le Gouvernement évitait ainsi une double discussion sur un même fait ; mais, ce système avait le défaut de donner au débat une ampleur exagérée : les interpellateurs n'étaient plus alors que des orateurs inscrits avant la discussion générale du budget ; il s'écoulait, entre le moment où ils prenaient la parole, et la réponse du ministre, autant de jours qu'en occupait cette discussion générale (1). En présence des inconvénients de ce mode de procéder, longtemps signalés dans les Assemblées, l'article 108 du règlement de 1888 a décidé que : « le développement des questions, des interpellations et des motions devra avoir lieu en dehors de toute autre discussion ».

Les interpellations sont fréquemment ajournées après le vote du budget ; on en rencontre un exemple dès l'année 1880, et, au mois de juin 1895, la majorité a accepté la proposition de M. Crispi, de renvoyer après

(1) Mancini-Galeotti, *N. et u. d. P. i.*, n° 491, p. 371.

la discussion des budgets les interpellations et motions individuelles.

Le jour venu, l'interpellation est développée par son auteur ; si elle émane de plusieurs membres, le premier inscrit, ou le membre qu'il délègue, a seul le droit de prendre la parole. A raison de l'encombrement produit par le renvoi à un seul jour par semaine, la Chambre a décidé que l'interpellation serait frappée de caducité dans le cas où son auteur serait absent sans justification.

Les règlements des deux Chambres n'assignent aucune limite au développement des interpellations ; certains membres ont pu occuper ainsi plusieurs séances consécutives (2-3 mai 1884).

Le ministre répond ; mais, lorsque les interpellations sont analogues, ou lorsqu'une interpellation est jointe à la discussion générale d'un budget (ce qui ne se rencontre plus depuis 1888), la réponse ne peut pas toujours être immédiate ; et on a même vu, à la séance du 8 mai 1883, M. Depretis, ministre de l'intérieur, répondre en une seule fois à dix interpellations portant sur des sujets très différents (1).

L'auteur de l'interpellation a ensuite la parole pour déclarer s'il est ou non satisfait des explications données par le Gouvernement (art. 71 du règlement de la Chambre des députés) ; et il est même admis à exposer

(1) Mancini-Galeotti, *op. cit.*, n° 494, p. 373.

sommairement les motifs de son approbation ou de son mécontentement.

S'il se déclare satisfait, la clôture est prononcée ; et il ne peut présenter aucune motion, pas même dans le but d'approuver les déclarations du Gouvernement.

S'il n'est pas satisfait, au contraire, il peut provoquer une discussion, en déposant par écrit une *mozione*, c'est-à-dire un ordre du jour motivé. Le président en donne lecture à l'Assemblée.

Toutes les fois, d'ailleurs, que l'interpellateur, satisfait ou non, déclare ne présenter aucune motion, un député quelconque, qui ne trouve pas les déclarations du Gouvernement suffisantes, a le droit d'en proposer une ; et, si plusieurs motions sont présentées simultanément, il n'est tenu compte que de la première. Cette faculté, accordée à tous les députés, a fait que les interpellateurs soumettent toujours une motion à l'Assemblée, car ils craignent, en abandonnant ce droit à un autre, qu'il n'en résulte un vote tout à fait contraire à leurs désirs.

La Chambre fixe le jour où la motion sera débattue, comme pour la demande d'interpellation elle-même ; elle peut en ordonner la discussion immédiate, ou la renvoyer soit à une époque fixe, soit à une époque indéterminée. Au surplus, maîtresse absolue de son ordre du jour, l'Assemblée a le droit de revenir sur sa résolution à cet égard.

La motion fait l'objet d'un débat général, qui se termine par un vote. Le point de départ du débat étant la motion de l'interpellant, l'ordre du jour présenté par ce dernier devient la base du vote, et toutes les autres motions ne doivent être considérées que comme des amendements à la première : la priorité est accordée à celle qui s'en éloigne le plus (1).

La signification des ordres du jour et leurs conséquences pratiques ne diffèrent, d'ailleurs, en aucune façon de ce que nous avons vu en France ; le régime parlementaire, pratiqué en Italie, amène la démission de tout ministère auquel la Chambre a infligé un vote de censure.

Les Chambres françaises n'ont, d'après leurs règlements, qu'une manière de manifester leur opinion sur les questions politiques : le vote d'un ordre du jour motivé à la suite d'une interpellation. La Chambre des députés italienne a adopté, le 28 février 1888, une autre manière de procéder pour arriver au même résultat. C'est l'Angleterre qui lui a servi de modèle à cet égard. Une *mozione* peut être présentée en dehors de toute interpellation : l'ordre du jour motivé fera ainsi directement l'objet des délibérations de l'Assemblée. Une *mozione* n'est, en effet, autre chose qu'une invitation à la Chambre de délibérer sur une matière étrangère à son ordre du jour ; l'Assemblée use de cette innovation, lors-

(1) Mancini-Galeotti, *op. cit.*, n° 500, p. 375.

qu'elle veut aborder un point important, sans passer par
la longue filière des interpellations. Ladite motion est
remise au président, qui en donne immédiatement lecture en séance publique, si elle est appuyée par dix députés ; sinon, elle est renvoyée aux bureaux, et la lecture
n'en a lieu que si trois bureaux l'ont autorisée. Cette
lecture terminée, la Chambre, après avoir entendu l'auteur de la motion et le Gouvernement, fixe la date à laquelle l'ordre du jour motivé sera développé et discuté
suivant les formes adoptées pour les ordres du jour qui
terminent les interpellations.

La motion, une fois présentée, peut être retirée, sauf
dans le cas où dix députés s'y opposent.

Lorsqu'une interpellation et une motion portent sur
le même objet, la motion a la priorité ; mais, l'auteur de
l'interpellation peut la retirer, et il est alors inscrit, dans
la discussion de la motion, immédiatement après celui
qui l'a proposée.

Enfin, l'ordre du jour pur et simple et l'ordre du jour
motivé ont, pour le scrutin, la priorité sur les motions.

Questions. — Le Parlement italien, dans la réglementation de ses moyens de contrôle, a été surtout dominé
par la préoccupation de restreindre les pertes de temps
qui sont la conséquence des interpellations ; il y a pourvu
par deux moyens : la fixation d'un seul jour par semaine
pour leur développement et la présentation d'ordres du
jour motivés, en dehors de toute interpellation ; et ensuite, il a favorisé les questions, qui comportent une

solution rapide. Seulement, dans le but d'empêcher que, sous l'apparence modeste de questions, on ne vînt, en réalité, se livrer devant la Chambre à de longs développements, qu'elle devrait subir passivement, le règlement a précisé les limites des questions. Elles ne sont admises que lorsqu'un député veut savoir : « si un fait est vrai, si le Gouvernement n'a reçu aucune information, si telle information est exacte, si le Gouvernement a l'intention de communiquer à la Chambre certains documents ; enfin, si le Gouvernement est disposé à prendre, ou a déjà pris une résolution quelconque sur les objets indiqués ».

Le député qui veut adresser une question, en fait la demande par écrit, sans énoncer de motifs ; le président la communique à l'Assemblée. Les questions sont publiées dans le compte rendu sommaire de la séance où elles ont été annoncées et transcrites à l'ordre du jour de la séance suivante. Dès l'ouverture de cette séance, le président donne lecture, dans l'ordre de leur dépôt, de toutes les questions inscrites à l'ordre du jour. Le Gouvernement peut répondre immédiatement, refuser de répondre, ou demander l'ajournement, tout en indiquant un jour pour sa réponse.

Les déclarations du Gouvernement faites, l'auteur de la question a le droit de répliquer, pour déclarer s'il est ou non satisfait ; et le règlement ne lui accorde même pour sa réplique qu'un délai maximum de cinq minutes, souvent dépassé, malgré les efforts du président.

Les questions qui n'ont pas été résolues dans les quarante premières minutes d'une séance, sont inscrites à l'ordre du jour de la suivante. Mais, cette limitation du temps qui leur est consacré est fort difficile à faire observer.

Enfin, lorsqu'une question a un caractère d'urgence, le Gouvernement peut répondre aussitôt après sa lecture, ou au commencement de la séance suivante.

VII. — Autres pays étrangers

Les monarchies constitutionnelles qui ont adopté le régime parlementaire pratiquent le droit d'interpellation. La Constitution roumaine du 30 juin 1866 seule le consacre en termes exprès dans son article 49 : « Tout député a le droit d'interpeller les ministres. » Ce droit est la conséquence, dans les autres Constitutions, du principe de la responsabilité ministérielle. On le retrouve ainsi en Belgique, aux Pays-Bas, en Espagne, en Portugal, au Danemark, en Suède et Norwège, en Grèce et en Bulgarie. En dehors d'Europe, les Constitutions de la République du Brésil et de l'Empire du Japon l'admettent également.

Les formes qui président à son exercice dans ces divers pays, se ramènent à l'un des trois types principaux que nous offrent la France, l'Angleterre et l'Allemagne. Ainsi l'article 88 de la Constitution belge déclare que « les ministres ont leur entrée dans chacune des Chambres et doivent être entendus quand ils le demandent.

Les Chambres peuvent requérir la présence des ministres. » Comme en Angleterre, les questions ne sont pas
distinctes, en Belgique, des interpellations. Elles peuvent ou non être clôturées par des ordres du jour.

De même, l'article 59 de la loi fondamentale danoise
du 28 juillet 1866, dit que tout membre du Rigsdag
peut, avec l'autorisation de la Chambre, provoquer une
discussion sur les affaires publiques et demander à cet
égard des explications aux ministres. Le règlement du
Landsthing, seconde Chambre, est absolument analogue aux règlements français, en ce qui concerne les
demandes d'interpellation et les ordres du jour.

Enfin, la portée et les conséquences des interpellations varient suivant le degré de sincérité que revêt la
pratique du régime parlementaire dans chacun de ces
pays (1).

(1) Nous trouvons dans Dickinson, *Rules and procedure of foreign
Parliaments*, des détails sommaires sur la procédure des interpellations au Danemark, p. 225 ; aux Pays-Bas, p. 252 ; au Portugal,
p. 254-255.

CHAPITRE VII

LES ABUS DU DROIT D'INTERPELLATION EN FRANCE ET
A L'ÉTRANGER. — REMÈDES PROPOSÉS.

I. — Le droit d'interpellation a été, de la part des publicistes et des membres mêmes du Parlement, l'objet des appréciations les plus contradictoires, dans lesquelles l'esprit de parti n'est souvent pas sans se faire jour.

Dans un article intitulé la *Réforme parlementaire* (1), M. André Lebon manifeste le désir de voir substituer le droit de question au droit d'interpellation : « Notre Chambre », dit-il, « a une manie fâcheuse. Elle possède un merveilleux instrument de contrôle, qui est la question ; elle a aussi un bel instrument d'agitation bruyante : l'interpellation. » Nous avons déjà vu Rossi (2) mettre en relief les avantages de ce droit qualifié aujourd'hui « d'essence parlementaire (3) ». Il est vrai qu'il paraît considérer les interpellations comme de simples questions, cette distinction aujourd'hui fondamentale ayant été à peine esquissée à l'époque où il professait le droit constitutionnel.

M. Jules Simon déclare que c'est « un droit nécessaire pour empêcher les abus, mais d'autant plus grave qu'il a pour conséquence directe la confusion du pouvoir législatif avec le pouvoir exécutif (4) ».

Le duc de Broglie, loin de demander la suppression des interpellations, réclame leur substitution aux ques-

---

(1) *Revue politique et parlementaire*, 1894, 2e vol., p. 240.
(2) *Cours de droit constitutionnel*, t. 4, p. 149.
(3) Goblet, Ch. des dép., séance du 1er mai 1894.
(4) *Revue politique et parlementaire*, 1894, 1er vol., p. 16.

tions et leur réglementation ; ce qui ne l'empêche nullement d'y voir « une occasion de divagation et de désordre (1) ».

Sumner-Maine, appréciant le pouvoir de contrôle de la Chambre des Communes anglaise, trouve l'usage de poser des questions aux ministres : « mal défini et peu régulier (2) ».

Enfin, les débats parlementaires, spécialement sous la Monarchie de juillet et le Second Empire, ont fourni à de nombreux représentants l'occasion de manifester leurs opinions sur les instruments du contrôle des Chambres.

Mais, le principe et l'utilité du droit d'interpellation n'ont donné lieu qu'à de rares controverses, qui sont même aujourd'hui éteintes, et la nécessité d'une réglementation de son exercice et des détails de son application est actuellement la préoccupation dominante de tous ceux qui s'occupent de droit parlementaire. Les critiques n'atteignent donc nullement le droit d'interpellation envisagé en lui-même, mais seulement l'usage abusif qui en est fait, depuis un quart de siècle, dans plusieurs Parlements, et qui se traduit surtout par un ralentissement notable des travaux législatifs vraiment utiles.

(1) *Vues sur le gouvernement de la France*, ch. VIII, p. 305.

(2) *Essais sur le gouvernement populaire*, p. 327. Cette opinion de Sumner-Maine s'explique facilement : la Constitution des États-Unis, avec la séparation absolue des pouvoirs qui en résulte, lui semble être l'idéal.

II. — Nous avons signalé brièvement, dès le début de cette étude, les inconvénients qui résultent, pour le droit d'interpellation, de la manière dont les Assemblées le comprennent et le mettent en pratique :

1° Le plus apparent est le retard considérable imposé aux travaux parlementaires. Les Chambres ne disposent que de moyens insuffisants pour écarter les interpellations ; le renvoi à un mois des interpellations sur la politique intérieure et à une date indéterminée de celles qui touchent à la politique extérieure, est pour elles un moyen de défense illusoire. Les interpellations ajournées se multiplient, et les Assemblées se trouvent subitement en face d'un stock considérable à liquider. L'ordre du jour cesse d'être leur œuvre exclusive : il est à la merci d'un membre quelconque. De longues discussions sans objet sérieux viennent surexciter les passions politiques : le désordre est alors à son comble. « Il est facile de concevoir ce que devient, dans de pareilles conditions, le pouvoir ministériel battu en brèche par le flot continu des interpellations, exclusivement préoccupé de la lutte quotidienne pour la vie, et de sa défense personnelle contre les actes de ses adversaires….. D'abord, le temps matériel lui fait absolument défaut pour remplir les multiples obligations de sa charge ; et puis, comment un Cabinet, toujours sous le coup d'une interpellation, pourrait-il nourrir « les longs espoirs et les vastes pensées », conserver le calme et le sang-froid requis par sa double fonction : 1° gouverner, c'est-à-dire tendre tous les muscles, toutes les forces vives de la nation vers une action commune ; 2° réformer, c'est-à-dire prendre au moment opportun l'initiative des changements que l'évolution sociale introduit dans l'organisme politique et administratif » (1).

La Chambre des députés se trouve dans l'obligation de voter le budget avec une précipitation qui exclut tout examen sérieux et approfondi. Le Sénat, auquel le budget est tardivement communiqué, dispose à peine de quelques séances pour le revoir. Enfin, sur des questions minuscules, les crises ministérielles se multiplient.

Les mobiles auxquels obéissent les auteurs d'interpellations sont, d'ailleurs, des plus variés : très restreint est le nombre des interpellations qui ne sont inspirées que par l'intérêt général ; Bagehot, avec l'esprit caustique qui le caractérise, a dressé une sorte de catalogue de ces mobiles : « Les uns », dit-il, « adressent des questions par un véritable amour de la vérité, ou par un désir réel de s'instruire ; d'autres, pour voir leur nom dans les journaux, d'autres tiennent à montrer ainsi leur vigilance au collège électoral qui les surveille, d'autres obéissent à une foule de motifs dont ils ne peuvent pas se rendre compte, ou parce qu'il est entré dans leurs habitudes de faire des interpellations » (2).

(1) Th. Ferneuil dans *Revue politique et parlementaire*, 1894, I, p. 19-20.
(2) Bagehot, *La Constitution anglaise*, p. 263.

2° Le second reproche qui peut être adressé aujour-
d'hui à la pratique des interpellations est le suivant : la
majorité use de sa force au mépris des droits de la minorité ; elle se sert du renvoi à un mois comme d'une
arme à l'encontre de toute demande d'explications qui
serait de nature à mettre en jeu l'existence du Cabinet ;
lorsqu'elle estime, au contraire, que la réponse du ministère n'aura pour résultat que sa consolidation même,
elle vote la discussion immédiate de l'interpellation.

De plus, au lieu de s'abstenir, par esprit de discipline,
de toute question ou interpellation, et de ne les mettre
en mouvement que lorsque le Cabinet a perdu sa confiance, cette même majorité y a recours en toute occasion : cédant au désir d'un ministre qui veut obtenir
l'approbation de la Chambre, un député lui adresse une
interpellation de simple complaisance ; ou bien, un
membre cherche à obtenir, par ce moyen, des déclarations favorables à ses idées personnelles. Lorsqu'enfin
l'interpellation lancée par la majorité vise la politique
générale du Gouvernement, elle n'a d'autre but et d'autre résultat qu' « une aggravation de la politique de
combat contre la minorité et les institutions qu'elle défend, un abaissement des groupes modérés, qui seront
incapables de résister aux menaces et à la pression des
violents et des exaltés, ou bien la constatation des di-
visions profondes qui séparent les fractions de la majorité, et comme conséquence le renversement du Cabinet » (1).

(1) Dupriez, *op. cit.*, p. 444-445.

3º Le troisième abus à signaler consiste en ce que la moindre interpellation donne naissance à une foule d'ordres du jour motivés, qui, au lieu de se borner à la manifestation de principes généraux, ont pour but, dans la pensée de leurs auteurs, de résoudre des questions qui devraient être exclusivement du domaine du législateur. On tend à formuler en des termes le plus souvent très vagues, des déclarations de principes, qui, à raison de leur ambiguïté même, réuniront les suffrages des groupes les plus opposés. La rédaction des ordres du jour se ressent naturellement du désordre qui règne dans une Assemblée à la suite d'une interpellation (1). Des votes irréfléchis sur de tels ordres du jour provoquent des crises ministérielles, sans pouvoir fournir au Président de la République les indications nécessaires sur le groupe dans lequel il devra choisir les ministres futurs.

4° L'instabilité ministérielle est l'inconvénient le plus grave de la pratique actuelle du droit d'interpellation ; c'est là, comme nous venons de le dire, une conséquence naturelle de l'usage abusif que fait la majorité de son pouvoir de contrôle, et de la rédaction défectueuse des ordres du jour. Sur des affaires parfois de minime importance, les représentants se font, en quel-

____

(1) Les ordres du jour, fixés sans esprit de suite, sont inopinément troublés par le caprice de ces improvisateurs de réformes auxquels appartient à toute heure le droit d'imposer à leurs collègues des auditions inattendues » (R. Poincaré, discours du 9 octobre 1897).

que sorte, un jeu de provoquer les crises ministérielles,
au détriment de la bonne gestion des intérêts du pays.
On cesse, dès lors, de trouver dans le Gouvernement
cet esprit de suite, particulièrement indispensable en
ce qui touche la politique extérieure ; le Cabinet, as-
siégé de toutes parts, et constamment préoccupé de défendre ses moindres actes, est mis dans l'impossibilité
de mener à bien les réformes même les plus urgentes.
Nous aurons, d'ailleurs, à revenir sur ce point à l'occasion de la seconde des causes auxquelles nous faisons
remonter l'abus du droit d'interpellation.

5° Et enfin, en cinquième lieu, on peut reprocher
aux représentants d'apporter à la Chambre, à l'occasion
de la moindre question ou interpellation, trop de discours et surtout de trop longs discours (1).

Nous ne saurions mieux résumer et terminer cet exposé des inconvénients du droit d'interpellation, qu'en
empruntant à un auteur étranger quelques lignes caractéristiques, malgré l'exagération dont elles sont em-
preintes : « Le bavardage, la pompe des phrases creuses,
le jeu des coulisses, l'amour des coalitions l'emportent ;
on transforme les Gouvernements responsables en ma-
rionnettes, aux mains de chefs de parti irresponsables,
et, au moyen de lourdauds bien dressés, sortis de leurs
rangs, on décide du sort du pays » (2).

(1) Paroles de M. Goblet à la Chambre des députés, le 13 mars
1897 (*J. O.*, *Déb. parlem.*, p. 744).

(2) Dubs, *Le droit public de la Confédération suisse*, 1re partie, p. 96-
97.

III. — Si nous envisageons seulement le nombre
des interpellations, la statistique nous montrera dans
quelles proportions il s'est accru depuis le commencement de ce siècle. Sans doute, les questions dites *sociales*
tiennent une grande place, et on ne compte plus, en
France, les interpellations que les mouvements ouvriers,
et les grèves, en particulier, provoquent de la part du
parti socialiste ; mais, à côté de cela, combien de sujets
d'une importance secondaire, et pour lesquels une simple question eût été mieux de circonstance !

C'est en Angleterre, en Italie et dans notre pays que
l'on peut surtout constater la progression ascendante
des interpellations. Le peu d'effet qu'elles ont sur la
conduite du Gouvernement dans l'Empire allemand et
les États qui le composent, en restreint singulièrement le nombre : les Assemblées n'y ont recours que
pour les affaires réellement importantes.

Reginald Palgrave, dès 1878, signalait l'abus que les
députés anglais font de leur droit d'interroger le Gouvernement, et se livrait, à cette occasion, au calcul du
temps ainsi employé : « Pendant la dernière session »,
dit-il, « les questions inscrites à l'ordre du jour de la
Chambre des Communes ont atteint un nombre sans
précédent : il y en a eu 1343 ; soit aussi 1343 réponses,
sans compter les observations à l'appui, etc. ..... Si
nous comptons pour chaque question 3 minutes, réponses comprises, on ne nous taxera pas d'exagération.
Or, à ce compte, l'exercice du droit dont nous parlons

n'aurait pas absorbé, dans la dernière session, moins de 66 heures. C'est beaucoup, d'autant plus que la plupart des questions posées ne remplissaient guère les conditions exigées par le règlement, qui n'autorise que les questions d'un intérêt quelque peu général, et d'un ordre quelque peu élevé » (1).

Il est vrai que les habitudes du Parlement anglais permettent de donner aux questions une prompte solution : on a pu voir, à la séance du 9 septembre 1886, soixante-deux questions résolues en soixante-cinq minutes. Mais, elles sont fréquemment aussi employées comme moyen d'obstruction : en 1890, afin de retarder la discussion du Local Taxation bill, on a pu voir l'opposition libérale poser, au début de chaque séance, de 60 à 70 questions ; en un seul jour, elle en posa même 89 (2).

Le droit d'interpellation a pris, en Italie, un développement encore plus accentué, et dont nous pouvons mieux nous rendre compte, les moyens de contrôle y étant absolument distincts dans leur procédure et dans leurs conséquences. De 1848 à 1876, cinquante interpellations, en moyenne, étaient présentées chaque année (le nombre maximum a été, dans cette période, de 72) ; en 1876-77, les interpellations et les questions montèrent à 76, et dépassèrent 120 en moyenne dans les années suivantes jusqu'en 1882. On en compte 153

(1) R. Palgrave, *La Chambre des Communes*, p. 19.
(2) L. Dupriez, *op. cit.*, vol. 1, p. 124.

dans la session législative de 1878-79, qui donnèrent
lieu à 50 résolutions ou ordres du jour. De 1882 à 1888,
la moyenne fut de 150 interpellations par an. Leur
nombre a même été de 192 en 1889, et de 222 en 1890.

La Chambre des députés française est loin d'atteindre des chiffres aussi élevés ; mais les tendances y sont
les mêmes qu'au delà des Alpes. La moyenne des interpellations qui était de 3 par année, de 1830 à 1848,
s'éleva soudain à 75 sous l'Assemblée nationale, du
4 mai 1848 au 26 mai 1849 ; la Législative n'en discuta
pas moins de 45. Le Corps législatif du Second Empire
n'en vit développer que 44, depuis le décret du 19 janvier 1867 jusqu'au 23 juillet 1870 (la seule année 1870
entre pour 27 dans ce nombre).

Nous trouvons ensuite 10 interpellations en 1876, 6
en 1877. De 1889 à 1893, la Chambre des députés subit
114 interpellations ; la moyenne est actuellement de
40 interpellations par année (47 en 1895 ; 53 en 1896).
En dix-sept mois, le ministère actuel a dû répondre
à 65 interpellations et 36 questions (1).

(1) Nous ne constatons pas cette progression dans l'Empire allemand. En 1873, 5 interpellations seulement étaient discutées au
Reichstag ; de même, en 1884.

En 1878-79, on trouve deux interpellations à la Chambre des
députés de Prusse ; trois en 1880-81. L'année 1894 nous offre huit interpellations devant les deux Chambres prussiennes (deux à la Chambre des seigneurs et six à la Chambre des députés) ; sept ont été
soutenues en 1895 devant ces Assemblées ; elles sont presque toutes
relatives aux questions agricoles.

En Hongrie, au contraire, 50 interpellations ont été déposées dans
la session 1894-95, 30 ont donné lieu à des votes d'ordres du jour ;

Les Chambres hautes font du droit d'interpellation
un usage beaucoup plus modéré ; aussi, la nécessité
d'une nouvelle réglementation y est-elle moins reconnue (1).

IV. — Nous pouvons ramener à quatre les causes
déterminantes des abus que nous avons signalés :

1° *Une fausse éducation politique* ;

2° *La chasse aux portefeuilles* ;

3° *La désorganisation des partis* ;

4° *La procédure usitée pour la transformation des questions en interpellations.*

1° *Une fausse éducation politique.*— Les Assemblées,
sous prétexte d'user de leur droit général de surveillance, ont un fort penchant à s'emparer des questions
politiques à l'ordre du jour, et à usurper la direction
politique du pays (2). Tel qu'il est exercé aujourd'hui,
le droit d'interpellation aboutit à la confusion des pouvoirs ; le Gouvernement est transporté à la Chambre ;
au nom du système représentatif, nos députés préten-
dent incarner et accaparer la souveraineté nationale et
dicter la conduite des ministres en même temps que
les arrêts de la justice. En multipliant les questions et
les interpellations outre mesure, les Chambres sortent

10 ont été retirées et 10 sont restées en suspens (*Revue politique et
parlementaire*, VI, 1895, p. 374).

(1) Au Sénat français, 6 interpellations seulement furent discutées
de 1867 à la chute de l'Empire (4 dans la seule année 1870). La
moyenne est actuellement de 9 par année (9 en 1895, 10 en 1896).

(2) Dubs, *op. cit.*, 1re partie, p. 96-97.

de leur pouvoir contrôleur, elles attirent à elles le gouvernement et finalement arrivent à l'absorber. « Par là,
elles portent le trouble dans tout le mécanisme constitutionnel. Sortant de leurs attributions, elles commettent une usurpation. A cette limite commence la tyrannie de l'État populaire, qui a été si souvent signalée
comme un des maux inévitables de la démocratie.

« Ceux qui commettent cette usurpation sont, la
plupart du temps, de la meilleure foi du monde. On les
étonnerait beaucoup si on leur disait qu'ils attentent à
la liberté, ni plus ni moins que ne pourrait le faire le
fauteur de tel ou tel coup d'État... Les sessions se passent, de la sorte, en débats irritants et stériles. Le législateur ne se livre à aucun travail sérieux et profitable au
pays. Les affaires ne se font pas à leur heure. Tout reste
en souffrance dans les hautes sphères de la politique,
et peu à peu l'indifférence et le découragement s'emparent de l'opinion.

« Il serait injuste de ne voir dans ces tendances à
l'usurpation, qu'un effet du tempérament politique des
démocraties et de leurs représentants. C'est beaucoup
plus qu'on ne le croit, l'effet d'une fausse éducation politique.

«...Les souvenirs du Gouvernement de la Convention
nationale hantent, chez nous, tous les esprits, mais dominent surtout les esprits des élus de la démocratie en
Assemblée. Parmi ces souvenirs, il en est un dont on ne
tient pas compte, c'est que la Convention nationale était,

avant tout, une dictature, et que toute dictature est la mort de la liberté sous la loi... Un trop grand nombre de représentants veulent jouer aux conventionnels au petit pied. Si ce n'était que ridicule, passe encore ; mais c'est que cela peut devenir dangereux, et, en attendant, rien n'est mieux fait pour empêcher tout travail dans les Assemblées... » (1).

Cette page d'E. Spuller nous éclaire complètement sur la première cause à laquelle nous faisons remonter l'abus du droit d'interpellation ; le régime parlementaire ne doit pas, en effet, avoir pour conséquence d'attribuer aux Assemblées la direction aussi bien que la surveillance des affaires. Il a, au contraire, pour but d'assurer au Gouvernement une liberté d'action égale à sa responsabilité, et de rendre cette responsabilité effective par le contrôle des Chambres.

2° *La chasse aux portefeuilles*. — Les Assemblées cherchent de moins en moins à user de leurs pouvoirs dans l'intérêt du pays ; chacun de leurs membres est plutôt guidé par son intérêt personnel, et ils confondent ces deux intérêts d'une manière regrettable. L'interpellation est devenue aujourd'hui une œuvre de stratégie parlementaire, trop souvent même un appel à la popularité. Le palais législatif devient, selon l'expression de Jules Simon, « une sorte de bourse des portefeuilles, qui ôte toute dignité à la représentation nationale, et toute au-

(1) E. Spuller, Quatorze mois de législature, dans *Revue politique et parlementaire*, III, 1895, p. 5.

torité au pouvoir exécutif » (1). Au lieu d'être les instruments d'une lutte courtoise, les interpellations ne servent souvent qu'à exprimer des rancunes personnelles ou à donner aux ambitieux l'accès du Gouvernement. Il ne s'agit plus de prévenir des abus, d'indiquer au Cabinet une ligne de conduite ; la seule question qui se pose est celle-ci : le ministère pourra-t-il sortir sain et sauf de l'interpellation qui va lui être adressée ? C'est en ces termes que se résout toute demande d'explications adressée aux ministres, et la presse, pas plus que les membres du Parlement, n'hésitent à le déclarer ouvertement. Les ordres du jour ne sont très souvent que la manifestation déguisée des ambitions qui s'agitent autour du pouvoir. A peine donne-t-on au ministère le temps de se constituer : dès la première séance, il trouve devant lui une interpellation sur la politique qu'il entend suivre, il est menacé dans son existence.

M. Ferneuil insiste particulièrement sur cette cause de l'abus que font les Chambres de leur droit de contrôle ; il voit, dans le flot montant des interpellations, « un mal endémique et congénital au tempérament des Assemblées issues du suffrage universel ». Et il ajoute : « déjà, sous le suffrage restreint, la chasse aux portefeuilles accaparait le premier plan de la scène politique, et l'esprit de parti ou de coterie se substituait trop souvent à la recherche de l'intérêt national ; mais, du

____

(1) Jules Simon, Le régime parlementaire en 1894 (*Revue politique et parlementaire*, I, 1894, p. 18).

moins, grâce au mode de votation, on obtenait des Chambres recrutées dans un milieu social privilégié, par suite, des majorités plus respectueuses des prérogatives du pouvoir exécutif, et plus aptes à se plier au mécanisme délicat du régime représentatif.

« Avec le suffrage universel, nous avons vu la fréquence des crises ministérielles aggraver les abus de la chasse aux portefeuilles, et les compétitions de personnes ou de groupes se substituer de plus en plus au souci supérieur des intérêts de la communauté » (1).

Tout en reconnaissant une grande part de vérité à cette opinion, qui tend à faire remonter au suffrage universel l'origine de l'abus moderne des interpellations, nous ne saurions l'adopter sans réserves : si les interpellations ont tenu peu de place dans les Assemblées de la Monarchie de juillet, émanées du suffrage restreint, c'est qu'elles constituaient un droit encore mal défini et non réglementé. Ces majorités si « respectueuses des prérogatives du pouvoir exécutif », ne l'étaient guère des droits de la minorité, et se servaient de leur force numérique pour étouffer toutes les protestations de cette minorité contre le Gouvernement (2).

(1) Ferneuil, La réforme parlementaire (*Revue politique et parlementaire*, I, 1894, p. 20-21).

(2) La statistique montre que la chasse aux portefeuilles était déjà la grande occupation des Assemblées de 1815 et de 1830. De 1814 à 1830, on trouve 10 ministères ; le ministère de Villèle ayant duré 7 ans, 9 Cabinets se sont succédé en 8 années. De 1830 à 1848, nous trouvons, en moins de 18 années, 18 changements de ministère.

M. de Carné constatait déjà, en 1841, cette substitution, dans le Parlement, de l'intérêt personnel à l'intérêt du pays : « Il est permis », dit-il, « sans manquer
de respect envers ses membres, de constater l'état intérieur du Parlement, et les égoïstes misères au sein
desquelles il se consume. Lorsqu'un grand corps politique s'amoindrit aux proportions d'une sorte de petite
table d'écarté, où de petits groupes, pressés derrière
quelques joueurs, parient pour les uns ou pour les autres, selon le caprice du moment et le vent de la for-
tune ; lorsque chaque ambition personnelle se croit le
droit d'opposer une sorte de veto à toutes les combi-
naisons formées sans elle, et que chacun travaille pour
soi, au lieu de travailler pour un parti, un tel spectacle
reporte involontairement la pensée vers les plus mauvais jours d'un grand peuple (1) ... »

Le suffrage universel n'a donc pas abaissé le niveau
de la représentation nationale autant que pourraient le
faire croire les paroles de M. Ferneuil. Si nous recher-
chons la cause première du mal, celle d'où dérivent
toutes les autres, nous la trouverons sans difficulté dans
les mœurs politiques actuelles, sur lesquelles le mode
d'élection lui-même n'a qu'une influence très indirecte.

3° *La désorganisation des partis.* — Les partis sont
l'expression et la manifestation naturelle et nécessaire
des grands ressorts cachés qui animent un peuple

(1) M. de Carné, *Du gouvernement représentatif en France et en Angleterre*, Paris, 1841. Introduction,

(Bluntschli). Le régime parlementaire n'est, et ne doit être, au fond, que le gouvernement du pays par le parti qui a la majorité ; c'est donc par les fractions qui forment la minorité, que le pouvoir de contrôle doit être exercé. De ce que le droit d'interpellation est, ainsi que nous l'avons établi, un droit individuel, il n'en résulte nullement qu'il doive être laissé à la libre disposition de tout représentant ; chaque membre ne devrait, régulièrement, en user qu'avec l'assentiment du groupe politique dont il fait partie. L'existence de partis doués d'une forte organisation est, pour les interpellations, un frein très puissant : qu'un membre de l'opposition, à l'humeur quelque peu batailleuse, veuille à tout propos exiger des explications du Gouvernement, ou qu'un membre de la majorité cède à un simple mouvement de curiosité, sur les observations du chef autorisé de son parti, il retirera son interpellation ; et on attendra, pour réclamer des renseignements précis et tenter de se rapprocher du pouvoir, un acte arbitraire ou un grave événement extérieur.

Nous avons vu que, dans l'Empire allemand et en Autriche, les interpellations ne pouvaient être déposées qu'après avoir été soumises au bureau du parti auquel appartient l'interpellant. Mais, en France et en Italie spécialement, il n'existe pas de partis compacts, ou plutôt ils sont soumis constamment à un travail intérieur de remaniement et de sectionnement, et cela oblige le Cabinet à s'appuyer, pour gouverner, tantôt sur l'un, tantôt sur l'autre.

La minorité elle-même ne constitue pas un groupe bien discipliné, mais s'émiette en fractions nombreuses ; chacun de ses membres interpelle à jet continu, voyant des fautes même dans les actes les mieux justifiés du Gouvernement.

« La création de fractions compactes a l'avantage de s'opposer à ce que les moyens de contrôle ne deviennent, entre les mains des mécontents, une arme dont ils n'useront que pour la satisfaction de leurs sentiments personnels, se laissant emporter, tantôt par leur animosité irréfléchie contre quelque ministre, tantôt par quelque idée particulière, d'autant plus arrêtée qu'elle est plus extravagante, tantôt par le simple désir de faire du bruit. Un parti d'opposition bien uni, qui peut légitimement aspirer au gouvernement, mesure nécessairement ses attaques contre le ministère au pouvoir. Avec des groupes instables, où chaque membre n'engage que lui seul, le droit d'interpellation devient l'instrument de toutes les ambitions, de toutes les vanités, de toutes les rancunes, de toutes les curiosités » (1).

4° Enfin la procédure usitée pour la transformation des questions en interpellations est la quatrième cause, spéciale à la France, à laquelle on peut faire remonter l'abus des interpellations. Il arrive très souvent qu'un représentant demande à un ministre des explications

(1) V. Dupriez, *op. cit.*, 1ᵉʳ vol., p. 324

sur un objet d'importance secondaire, lui adresse une simple question. Par un long discours, il lui attribue une gravité que sa nature ne comportait pas ; puis, après la réponse du ministre et la réplique de l'auteur de la question, un député quelconque demande à transformer ladite question en interpellation ; et, si l'interrogateur a su, par une argumentation habile, exciter les passions de l'Assemblée, celle-ci ne manque guère d'y consentir. Ce n'est plus là un combat loyal, puisque l'un des adversaires se trouve pris au dépourvu. Sur une simple question posée inopinément, et transformée en interpellation par la fantaisie d'un membre, le Cabinet est exposé à tomber à chaque instant.

V. — En présence des inconvénients qui résultent de l'abus du droit d'interpellation, une même pensée est née dans tous les esprits : la nécessité d'une nouvelle réglementation de l'exercice de cet instrument du contrôle des Chambres. Et tous proposent la révision du règlement des Assemblées (1). « Avec des habitudes parlementaires toutes différentes, pas ne serait besoin de modifier le règlement ; mais, chez nous, allez donc demander aux mœurs de modifier les lois ! Notre res-

(1) « La réforme parlementaire s'imposera comme la clef et le gage de toutes les autres réformes » (M. Barthou ; discours du 3 octobre 1897).

« Ce qu'il faut réviser, ce sont les méthodes de travail et le règlement de la Chambre » (M. Méline ; discours du 10 octobre 1897).

Dans le même sens, M. Ferneuil (*Revue politique et parlementaire*, I, 1894, p. 19-22).

pect superstitieux de la règle est poussé si loin, dans le mauvais sens, que l'on préfère tout attendre d'une loi changée que d'une bonne résolution prise » (1).

Mais, aussitôt qu'on a parlé de réglementation, les objections sont apparues. Il a été rappelé que le droit d'interpellation est un droit individuel, et qu'il ne saurait dépendre de la majorité d'y apporter des obstacles ; on a crié à la confiscation. Et on ajoute que, lorsque le ministère est appuyé sur une forte majorité, il peut toujours parvenir à écarter les interpellations intempestives. Les faits ont prouvé que cette dernière assertion était erronée ; la majorité ne dispose que de moyens insuffisants pour déblayer l'ordre du jour ; nous avons vu, d'ailleurs, qu'elle fait elle-même un usage abusif des moyens de contrôle. Et, quant à la première objection, elle est plus sérieuse ; mais on y échappe en faisant observer qu'il ne s'agit nullement de priver chacun de son droit, mais seulement de trouver un mode de réglementation qui permette d'en concilier l'exercice avec la marche des travaux législatifs.

Maintenant, si nous entrons dans les détails de la question, nous voyons qu'une triple réforme s'impose aux Assemblées :

A) *Quant aux interpellations envisagées en elles-mêmes.*

B) *Quant aux ordres du jour motivés.*

(1) E. Spuller, Quatorze mois de législature (*Revue politique et parlementaire*, III, 1895, p. 6).

C) *Quant à la transformation des questions en inter-pellations.*

A) Quant aux interpellations envisagées en elles-mêmes. On a proposé, pour en restreindre le nombre, quatre systèmes, qui diffèrent suivant la cause à laquelle leurs auteurs ont attribué l'usage abusif par les Chambres du droit de contrôle :

1° Les uns, rattachant l'origine des abus à l'individualité même du droit d'interpellation, qui force les Assemblées à assister passivement aux débats les plus oiseux, tendent à attribuer à ce droit une forme collective. Ils voudraient qu'une demande d'interpellation, pour être admise, fût revêtue d'un nombre de signatures fixé arbitrairement de vingt à cinquante. Cette condition préalable est requise par les règlements de plusieurs Parlements étrangers (Conseil national suisse, 10 membres) (Reichstag allemand, 30 membres) (Autriche, 10 membres à la Chambre des seigneurs, 15 à la Chambre des députés) (30 membres à la Chambre des députés du Japon).

Mais, ce premier système ne présenterait aucun avantage pratique : l'adopter serait inutilement provoquer les récriminations de la minorité. Il ne serait pas difficile, en fait, de réunir les signatures exigées, en les demandant à des amis ; des adversaires qui verraient là une occasion de triompher, n'hésiteraient pas non plus à accorder les leurs ; beaucoup, enfin, les donneraient, poussés uniquement par le désir de voir à quels résultats aboutira l'interpellation.

2° Le second mode de réglementation proposé est celui qui avait été consacré par le décret du 19 janvier 1867 : il exigeait, pour que les interpellations pussent être discutées, l'autorisation de deux bureaux au Sénat, de quatre à la Chambre. C'est le système que préconisait M. Jules Simon (1). Sans doute, il eut, jusqu'au sénatus-consulte de 1869, une influence incontestable sur le nombre des interpellations. Mais la Chambre consentirait difficilement à y revenir, à raison des inconvénients qui lui furent reconnus durant sa période d'application. Ce serait porter l'atteinte la plus grave aux droits de la minorité, la majorité n'étant pas assez sage pour résister à la tentation d'écarter souvent ainsi les interpellations qui ne lui agréeraient pas.

M. Ferneuil voit dans la combinaison des deux systèmes qui précèdent le meilleur moyen pratique de réglementer utilement le droit d'interpellation : « 1° exiger que toute demande d'interpellation porte les signatures d'un certain nombre de députés, 40 ou 50 par exemple ; 2° ce nombre obtenu, la renvoyer d'urgence à l'examen des bureaux de la Chambre, en stipulant que le droit d'interpellation devra, pour s'exercer devant la Chambre, réunir dans le vote préalable des bureaux un *quorum* déterminé, par exemple le tiers ou le quart des membres présents à la délibération. Ce procédé aurait l'avantage de passer chaque demande

(1) Jules Simon, dans la *Revue politique et parlementaire*, I, 1894, p. 17.

d'interpellation au crible d'une discussion sérieuse et
d'écarter définitivement celles qui, ne reposant sur
aucun grief avouable, n'ont d'autre objectif que de per-
pétuer les crises ministérielles, au détriment de l'intérêt général. »

Mais, les objections que nous avons faites à chacun
des deux systèmes précédents s'opposent, *à fortiori*, à
celui qui résulterait de leur combinaison.

Les deux modes de réglementation dont il nous reste
à parler émanent de ceux qui n'envisagent que la perte
de temps résultant des interpellations trop nombreuses.

3° Selon les uns, il faut renvoyer à un seul jour par
semaine le développement des interpellations. C'est là
une mesure que plusieurs Parlements étrangers ont
adoptée ; la Chambre italienne, nous l'avons vu, renvoie au lundi le développement des interpellations.
C'est là aussi le régime de la Chambre des députés de
Hongrie. En France, ce système inspirait, dès le 6 avril
1870, une proposition de M. Vendre, membre du Corps
législatif, qui ne visait, il est vrai, que les questions, et
qui fut retirée par son auteur.

A la séance de la Chambre des députés du 21 décembre 1889, M. Raynal déposa un projet de résolution
tendant à modifier l'article 40 du règlement. Un jour
par semaine, le lundi, devait être réservé à la discussion des interpellations, la Chambre ayant le droit de
faire inscrire à l'ordre du jour d'autres lundis qui sui-
vraient le dépôt de l'interpellation, sans pouvoir aller

cependant au delà du sixième lundi, toutes les interpellations déposées dans une séance. La priorité était
toujours réservée, d'après le projet, aux interpellations
antérieures sur les dernières interpellations inscrites.
Enfin, toutes les fois qu'une interpellation sur la politique intérieure aurait présenté un caractère d'urgence
reconnu par le Gouvernement, la discussion aurait pu
avoir lieu un jour quelconque, et il en devait être de
même des interpellations sur la politique extérieure,
sans qu'il fût besoin de l'adhésion préalable du Gouvernement. Et M. Raynal proposait la rédaction suivante
de l'article 40 du règlement : « Les interpellations seront
discutées le lundi de chaque semaine. — La Chambre,
après avoir entendu un des membres du Gouvernement,
fixe, sans débat sur le fond, le lundi où l'interpellation
sera inscrite à l'ordre du jour. — Les interpellations
sur la politique intérieure ne peuvent être renvoyées,
comme inscription à l'ordre du jour, au delà du sixième
lundi qui suit le dépôt de ces interpellations. — Après
adhésion du Gouvernement, la Chambre fixe à un jour
quelconque la discussion des interpellations présentant
un caractère d'urgence » (1). Renvoyée à la commission
de règlement, cette proposition ne fit l'objet d'aucun
rapport et ne vint jamais en discussion.

Un autre projet de résolution fut déposé par M. Flan-

____

(1) Proposition de résolution Raynal du 21 décembre 1889 (Chambre des députés, *J. O.*, 1890, *Doc. parlem.*, annexe n° 236, p. 390).

din à la Chambre des députés, le 1er mai 1894 ; il était signé de 94 députés.

L'urgence en fut déclarée. Il était conçu en ces termes : « Les séances des lundi, mardi et samedi seront exclusivement consacrées aux travaux législatifs. Sauf dans les cas exceptionnels d'urgence constatée, sans débat, par la majorité absolue des membres composant la Chambre des députés, les interpellations adressées au Gouvernement ne pourront être développées que le jeudi » (1).

Le 16 juin 1894, M. Dulau déposait son rapport au nom de la commission : il y établissait que, le but de la proposition étant de faire venir les interpellations à la séance du jeudi, la Chambre pourrait, si elle prévoyait des débats de quelque étendue, soit fixer une séance au mercredi, soit continuer le débat au vendredi, ou même consacrer ces trois jours consécutifs à leur développement.

La commission trouva excessif d'exiger que l'urgence fût constatée sans débat et par la majorité absolue des membres de la Chambre, un débat sur l'urgence ne devant comporter aucun développement sur le fond de la question, ni retenir indéfiniment l'attention de l'Assemblée. Exiger la majorité absolue, c'était occuper à la vérification du scrutin le temps qu'on aurait pu employer à développer l'interpellation. Et la

______

(1) Projet de résolution Flandin du 1er mai 1894 (Chambre des députés, *J. O.*, 1894. *Doc. parlem.*, annexe n° 592, p. 662).

commission proposait, pour former le troisième paragraphe de l'article 40 du règlement, de donner au projet de résolution la rédaction suivante : « les séances des lundi, mardi et samedi seront exclusivement consacrées aux travaux législatifs. Les interpellations auront lieu les autres jours de la semaine, sauf les cas exceptionnels dans lesquels l'urgence sera déclarée » (1).

La discussion du projet ne fut jamais demandée et c'est seulement à la séance du 13 mars 1897 que la Chambre adopta une résolution Marty, ainsi conçue : « La Chambre décide qu'à titre provisoire, les séances des lundi, mardi et jeudi seront exclusivement réservées à la discussion et au vote des lois » (2). Les séances du vendredi étant consacrées aux lois ouvrières, et le mercredi aux travaux des commissions, il ne reste plus, pour les interpellations, que le samedi.

Ce système, dont on devrait faire une disposition réglementaire définitive, a l'avantage d'échapper à certains inconvénients qu'on a pu constater à la Chambre italienne : le règlement y réservant limitativement le

---

(1) Rapport de M. Dulau, le 16 juin 1894 (Chambre des députés, J. O., 1894, *Doc. parlem.*, annexe n° 718, p. 949).

Mentionnons une proposition de résolution déposée par M. Basly le 30 mai 1896 et qui tendait à faire siéger la Chambre le vendredi de chaque semaine pour discuter les interpellations, ceci afin de ne pas entraver le vote des lois. La Chambre repoussa l'urgence, le même jour (J. O., *Déb. parlem.*, p. 1533).

(2) Chambre des députés, 13 mars 1897 (J. O., *Déb. parlem.*, p. 741-745).

lundi aux interpellations, il arrive qu'une interpellation mise à l'ordre du jour voit les lundis succéder aux
lundis, sans pouvoir être discutée, et lorsque son tour
vient enfin, l'intérêt d'actualité qu'elle présentait a
souvent disparu. En France, la Chambre a la ressource,
s'il y a urgence à discuter des interpellations. d'y affec-
ter ses séances du mercredi et du vendredi (1).

4° M. André Lebon proposait un système analogue :
il proposait la création de séances dites « de gouvernement ». Trois séances par semaine auraient été exclusivement réservées à l'examen des questions fixées par
le Gouvernement, une quatrième aurait été consacrée
aux propositions d'initiative parlementaire et aux interpellations, la Chambre pouvant, d'ailleurs, siéger les
deux autres jours, en cas d'urgence. Le Gouvernement
lui-même, pour les questions d'une importance exceptionnelle, aurait pu consentir à les voir discuter un des
jours réservés. Ce moyen, qui a pour résultat de can-
tonner le droit d'interpellation et non de le limiter, a
été celui de la Chambre en 1889 : elle fixait les interpellations uniformément à une séance exceptionnelle
du vendredi. Et M. Lebon faisait valoir des considé-
rants que nous pouvons appliquer également au système précédent : « Les débats... y gagneraient en sérieux,
et ni la Chambre, ni le pays n'y perdraient assurément
en tranquillité.

(1) M. Méline, président du Conseil, Chambre des députés, 13 mars
1897 (*J. O., Déb. parlem.*, p. 741-745).

« Peu de sujets sont assez urgents pour ne point s'accommoder d'un retard de huit jours au plus, et la latitude que conserverait la Chambre de tenir des séances supplémentaires serait amplement suffisante pour lui permettre de faire face aux circonstances graves » (1).

B) En ce qui concerne les ordres du jour motivés, nous avons vu quels inconvénients ils présentent : par leur rédaction le plus souvent ambiguë, et par les votes irréfléchis auxquels ils donnent lieu, ils sont de nature à provoquer des crises ministérielles que rien ne justifie. Il importerait donc surtout d'assurer les Assemblées contre leurs propres entraînements ; la majorité doit statuer en connaissance de cause. Dans ce but, deux moyens ont été préconisés :

1° Les uns proposent de laisser s'écouler un certain temps entre la clôture de l'interpellation et le dépôt des ordres du jour motivés destinés à la sanctionner. M. Deloncle avait demandé, en 1894, à la commission chargée du rapport sur le projet de résolution Flandin, de modifier, outre l'article 40, l'article 41, et de le rédiger en ces termes : « A la clôture du débat de l'interpellation, la séance sera suspendue pendant une demi-heure. A la reprise de la séance, aucun ordre du jour motivé sur les interpellations ne peut être présenté, s'il n'est rédigé par écrit et déposé sur le bureau du président. » A la suite des observations de trois des membres

(1) La réforme parlementaire, dans la *Revue politique et parlementaire*, II, 1894, p. 241.

de la commission, qui prétendirent que c'était enlever aux députés la liberté de leur vote et les soumettre à l'influence des groupes politiques, la proposition fut retirée par son auteur (1).

2° D'autres proposent de faire du renvoi aux bureaux la procédure normale des ordres du jour motivés. Ce serait là certainement le mode de réglementation qui offrirait les garanties les plus sérieuses. On pourrait ainsi « rompre les courants factices déterminés en séance par une discussion passionnée », et donner « aux députés le moyen d'émettre un vote réfléchi sur la portée duquel ils ne pourraient pas se méprendre, et dont les termes auraient été suffisamment pesés pour être, non plus une manifestation superficielle et accidentelle de leur part, mais l'expression d'une volonté persistante » (2).

C) Enfin, une réforme du règlement s'imposerait quant à la procédure qui préside à la transformation des questions en interpellations. La Chambre n'est plus maîtresse de son ordre du jour ; on lui arrache, par ce moyen, une mise à l'ordre du jour qu'elle n'aurait peut-être pas accordée, si on la lui avait demandée directement. Il serait nécessaire, non seulement d'exiger que la demande de transformation fût déposée par écrit,

(1) Rapport de M. Dulau sur le projet de résolution Flandin (Chambre des députés, *J. O.*, 1894, *Doc. parlem.*, n° 718, p. 949).

(2) P. Lebon, La réforme parlementaire (*Revue politique et parlementaire*, II, 1894, p. 241).

mais surtout de ne plus autoriser la transformation immédiate, qui expose le Gouvernement à de perpétuelles et cruelles surprises.

Peut-être conviendrait-il, en outre, de limiter, soit le nombre des orateurs qui pourront prendre la parole dans la discussion des interpellations (1), soit même le temps qui sera consacré à chacune d'elles (2).

Nous avons terminé l'étude du droit d'interpellation, et nous avons pu constater que ce droit repose sur des bases inébranlables. Son application, qui n'en est, en réalité, comme le régime parlementaire lui-même, qu'à ses débuts, laisse la voie toujours ouverte au progrès. On doit souhaiter que les Assemblées prennent, à mesure que leurs droits se dégagent et se précisent, une perception plus nette du rôle qui leur est dévolu, et qu'elles ne fassent pas de leurs moyens de contrôle des moyens de gouvernement. Sans doute, les abus à réprimer sont nombreux ; mais, si nous sommes convaincu que certains d'entre eux céderont devant des modifications aux règlements, nous n'avons pas assez mauvaise opinion des habitudes parlementaires, pour croire qu'il n'y a pas beaucoup à espérer de leur réforme. Ce qu'il faut songer à réformer avant tout, ce

---

(1) Au Congrès espagnol, 2ᵉ chambre, 3 députés seulement peuvent se faire entendre sur une interpellation.

(2) Le règlement italien a limité, mais seulement pour les questions, le temps qui leur est consacré : cinq minutes pour chacune d'elles.

ne sont pas les règlements, ce sont les mœurs politiques (1).

(1) « Mais ce n'est point assez de réviser les règlements, si l'on ne
prend le parti plus pressant encore, de réviser les mœurs parlementaires » (R. Poincaré, discours du 9 octobre 1897).

« Mais cette réforme elle-même (du règlement) n'aura de valeur
qu'autant que nous aurons réformé les hommes chargés de l'appliquer » (M. Méline, discours du 10 octobre 1897).

Dans le même sens, Jules Simon, dans la *Revue politique et parlementaire*, I, 1894, p.18.

Vu :

Lyon, le 12 novembre 1897.

Le Président de la thèse,

AD. AUDIBERT.

Vu :

Lyon, le 15 novembre 1897.
Le Doyen de la Faculté,

CAILLEMER.

Permis d'imprimer.

Lyon, le 17 novembre 1897.

Le Recteur de l'Académie,

Président du Conseil de l'Université,

G. COMPAYRÉ.

TABLE DES MATIÈRES

Imp. G. Saint-Aubin et Thevenot. — J. Thevenot, successeur, Saint-Dizier (Haute-Marne).

www.ingramcontent.com/pod-product-compliance
Ingram Content Group UK Ltd.
Pitfield, Milton Keynes, MK11 3LW, UK
UKHW021208140726
13695UKWH00002B/417